CB064152

O CHAMADO DA
LUZ

O AMOR É PARA TODOS

ATENÇÃO!

Livro com Bônus! Acesse o link agora:

ochamadodaluz.com.br/livro

e tenha acesso imediato
ao seu Bônus online.

Inscreva-se **AGORA** no site

www.ochamadodaluz.com.br

e receba imediatamente, vídeos e palestras para aprofundar no tema deste livro.

BRUNO J. GIMENES
ROMANCE MEDIÚNICO PELO ESPÍRITO CRISTOPHER

O CHAMADO DA LUZ
O AMOR É PARA TODOS

Capa, Projeto Gráfico
e Editoração Eletrônica: Marina Avila
Revisão: Fernanda Regina Braga

Dados Internacionais de Catalogação na Publicação (CIP)
(Câmara Brasileira do Livro, SP, Brasil)

C933c   Cristopher (Espírito).
Gimenes; Romance mediúnico pelo espírito Cristopher. –
Porto Alegre: Ed. do Autor , 2013.
O Chamado da Luz: o amor é para todos / Bruno J.
164 p.
ISBN 978-85-64463-15-8   CDU 130.1

---

1. Espiritualidade. 2.Amor. I. Gimenes, Bruno J. II. Título.
Catalogação na publicação: Vanessa I. de Souza CRB10/1468

Todos os direitos reservados à
Luz da Serra Editora Ltda.
Rua Rio Branco, 573
Bairro Logradouro - Nova Petrópolis / RS
CEP: 95150-000
www.luzdaserra.com.br
editora@luzdaserra.com.br
Fone: (54) 3281.4097

Impresso no Brasil - 2016

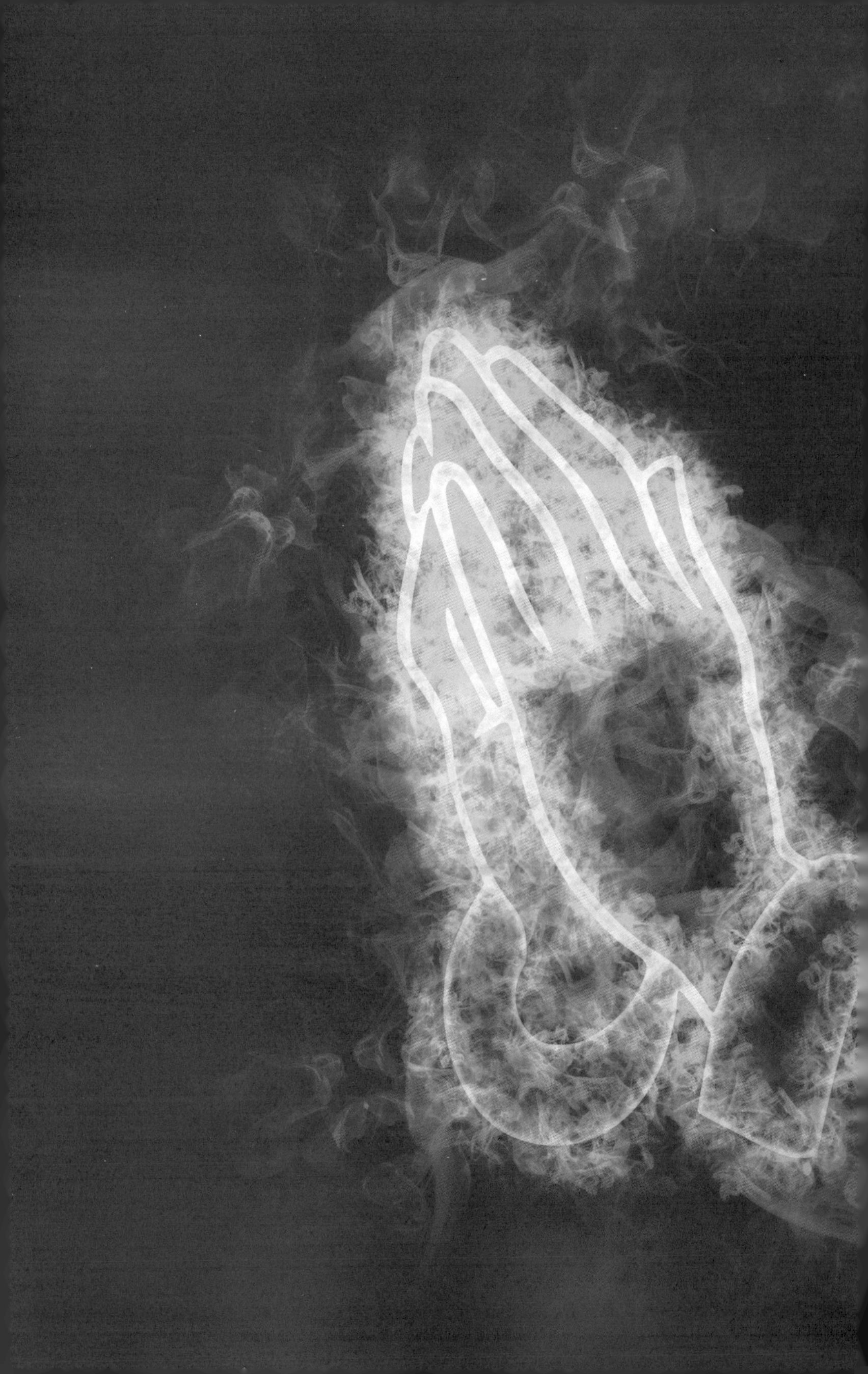

APRESENTAÇÃO
por Cristopher
É NATURAL BUSCAR A LUZ!

Luz e sombra estão em todos os lugares, em todos os cantos, nas atitudes, nas decisões, no conteúdo armazenado na geladeira, no prato de comida, nos guarda-roupas, na programação da TV, nos noticiários, na internet, nos corações dos seres humanos, na natureza, nos animais, nas palavras das pessoas, em tudo mais o que existe.

Estamos sendo constantemente banhados por estímulos de natureza luminosa, mas também somos expostos aos de natureza sombria. A informação está veloz, em tempo real, ampla, difusa, em todos os cantos, em diversos veículos da mídia. Recebemos diariamente uma tempestade de informações que são absorvidas, com intensidade mais ou menos suficiente para que tenhamos nossos conceitos de vida modificados em poucas horas.

A luz brilha em todas as partes, o sol se mostra, a claridade aparece e a visão fica facilitada. Mas vem a noite e com ela a escuridão, o tempo esfria, nós nos recolhemos, pois a luz não se faz presente e por isso não conseguimos transitar pelo mundo como antes. No entanto, assim como uma floresta que possui animais de hábitos noturnos, o homem também já mostra que está se reinventando, e com isso vem se adaptando a outras rotinas.

Luz e sombra são aspectos da mesma energia, opostos que se complementam para gerar o equilíbrio. É bem verdade que muitos já sabem disto; além do mais, é fácil perceber que as situações mais difíceis, as quais podemos dizer que são as que mais nos trazem dor e sofrimento, acabam sendo também as que mais nos ensinam. O que seria de um dia ensolarado se antes não houvesse a noite, arrefecendo o planeta e promovendo o descanso de todos os que precisam dormir? O que seria do medo sem a coragem e da coragem sem o medo?

Instrumentos de Deus no grande projeto de evolução da humanidade, luz e sombra continuam a fazer o seu papel de promover aprendizados, reflexões e cura da humanidade. São as duas faces de uma mesma moeda!

Entretanto, não é de hoje que a humanidade vem recebendo forte assédio das sombras, em uma intensidade tão avassaladora que, infelizmente, está tornando desequilibrada a energia da vida. Na existência física, é notório como a humanidade dá mais importância aos elementos do materialismo do que ao espiritualismo. Poucas pessoas reconhecem a importância de dedicar esforços na busca de consciência espiritual na mesma proporção em que buscam a elevação material. Nesse momento, a energia das sombras prevalece. Não porque conquistas materiais, bens ou dinheiro sejam "coisas do demônio" ou ofício de pecadores (por favor, tire isso da sua cabeça), pois pensar assim é um grande equívoco. Contudo, estamos falando do desequilíbrio da força maior, que neste caso está representada pelo dualismo materialismo x espiritualismo.

A censura da mídia e do comportamento humano sofreu uma grande transformação, saindo de um período de controle, de ditadura, migrando para uma liberdade de expressão tão grande que até podemos chamá-la de liberdade de exposição, tal é a mudança que se deu em tão pouco tempo. Todas as pessoas têm o direito à liberdade, mas, infelizmente, algumas almas, ainda infantilizadas e fascinadas com tais possibilidades, não sabem utilizar essa bênção com sabedoria e discernimento, e assim, novamente, as forças que equilibram a harmonia do universo sofrem fortes mudanças. Em outras palavras, embora possamos ver uma mudança no cenário brasileiro e mundial muito otimista, para inúmeras áreas da vida humana e todas as suas ramificações há um fato que não podemos deixar de considerar: a face escura, que é o lado sombra da força da vida, está maior! Em especial porque existem muitos estímulos sombrios em todos os cantos desse mundo, inspirando as pessoas em maus hábitos, em vícios, em comportamentos destituídos de ética, moral e respeito. Não há um incentivo maciço ao pensamento humano e ao desenvolvimento do potencial essencial do ser – isso ficou a cargo de cada um. Os pensamentos prontos são instalados em nossas mentes, por diversos meios, e consequentemente nos tornamos escravos de modismos e assim somos arrastados pela onda de comportamentos padronizados de uma sociedade desajustada em seus valores morais e espirituais. É careta falar de Deus! É chato para a maioria das pessoas pensar que para cada ação há uma reação! É ainda mais entediante acreditar que a morte não é o fim!

A sociedade está intoxicada pelas sombras que se proliferaram a cada ato alienado da Fonte Maior.

Há mais doença, mais conflitos, intolerância, materialismo, mais escravidão comportamental, estresse, agitação, violência, drogas, futilidade e sede de poder. Tudo porque a humanidade alimentou – ao longo de muitos séculos – muito mais o lado sombra do que o lado luz.

Entretanto, não devemos desanimar, precisamos ter confiança, porque esses acontecimentos foram importantes para que a humanidade aprendesse tantas coisas essenciais, as quais serão necessárias aos novos tempos, pois, no período em que mergulhou na sua face escura, também aprendeu a valorizar os benefícios e a importância da luz.

Só se valoriza o alimento quando vem a fome; a água, quando vem a sede; o sol, quando chove muito; o calor, quando o frio é intenso; a saúde, quando a doença se instala; o amor, quando só se tem o ódio; o silêncio, quando o barulho ensurdece; e, certamente a luz, quando a sombra escurece a bênção da visão.

Os movimentos cósmicos que estão por vir são animadores, exatamente pelo fato de que as engrenagens da evolução humana voltam a se movimentar por conta de novas ações dispensadas pelo Grande Espírito Criador.

Os raios solares da evolução consciencial, em pouco tempo, começarão a perfurar as couraças da ignorância humana. O psiquismo denso, espesso, construído e alimentado pela alienação espiritual dos filhos do Grande Espírito Criador dentro em breve serão revolvidos e posteriormente transmutados pela ação germinadora desse chamado da Providência Divina.

Em diversos momentos no passado da história da humanidade, a radiação de luzes siderais de bem-aventurança já foi oferecida em grande quantidade, entretanto as sementes não estavam prontas para germinar, muito menos o solo estava fértil, por isso mesmo que muito pouco foi colhido.

Todavia, agora estamos vivendo novos tempos. Sob a orientação de espíritos de elevado quilate na escala da evolução, uma legião de seres de luz, anjos, mestres, amparadores, professores, trabalhadores e servidores da espiritualidade começam a desenvolver um trabalho silencioso em consórcio com a humanidade, que, mesmo sem tomar consciência, já começa a dar sinais de que dessa vez o plantio será maravilhoso.

Com simplicidade e objetividade surpreendentes, esse grupo de seres emissários celestes, a cada dia, a cada noite, passa a fornecer condições para um intercâmbio saudável com a humanidade encarnada, para despertar novos potenciais nos seus corações. Esse intercâmbio da luz acontecerá cada vez mais através de elevadas tecnologias e de práticas periódicas, que podem ser realizadas conscientemente por todos os encarnados e também durante o período do sono físico, pelo amparo desses amigos espirituais. Novos níveis conscienciais serão despertados e uma revolução para o bem será observada sob a face da Terra.

A tarefa da humanidade é a de estar predisposta a esse chamado, **O CHAMADO DA LUZ!** Porque só há um antídoto para as sombras que se impregnaram em nossas almas: **A LUZ**. Porque só há uma cura para a ignorância que ofusca a visão além das correntes do egoísmo: **A LUZ**. Porque somos a Luz e é por ela que somos alimentados.

É chegado o momento em que, por conta do excesso de sombra ao qual estamos impregnados, naturalmente procuraremos a Luz. Porque todos nós queremos ser felizes, todos nós almejamos ser amados e por consequência óbvia, perceberemos que somente através da luz conquistaremos a plenitude.

DESAFIOS

Eu mal havia terminado de escrever o último livro em parceria com os amigos espirituais e já tinha sido informado mediunicamente de que o próximo trabalho teria o nome de **O Chamado da Luz – O amor é para todos**, portanto já estava ciente do projeto que viria.

O trabalho com o livro **Símbolos de Força – A volta dos iniciados*** promoveu em mim algumas transformações internas profundas, por conta da quantidade de energia com a qual tive contato e em especial pelos ajustes de consciência por que provavelmente todo médium passa ao se pronunciar como narrador de uma informação tão preciosa quanto a citada naquele livro. Então, logo depois

Símbolos de força – A volta dos iniciados é o livro que compõe o segundo volume da trilogia composta pelos livros *Ativações espirituais, Os símbolos de força – A volta dos Iniciados* e este livro que você está lendo, *O chamado da luz – O amor é para todos*.

de terminá-lo e encaminhá-lo para a avaliação da equipe da editora, pedi em oração quarenta e cinco dias de férias em minha escrita, para que eu pudesse relaxar um pouco, sem tanto compromisso com a produção dos novos livros, tarefa à qual me dedico diariamente.

Naturalmente, após meu pedido, percebi um afastamento dos amigos espirituais, respeitando o meu desejo.

Os dias se passaram e a rotina me tomou por completo novamente. Mesmo sem me colocar à disposição do plano espiritual para transcrever e narrar as mensagens, acabei me envolvendo com outras tarefas. O tempo foi passando, quando percebi que aquilo que era para ser uma pequena pausa em minha rotina de escrevente do plano espiritual transformou-se em um período de carga de trabalho estressante, do qual não conseguia dar conta.

Minha cabeça ficou muito confusa por vários dias, e por sinal ainda acumulei muitas tarefas.

Passados os quarenta e cinco dias dessa rotina frenética, uma pessoa próxima a mim me disse: "Nossa, prefiro ver você na ativa, pois essas suas férias não serviram para nada".

Ouvi aquelas palavras em estado de choque, porque, se por um lado eu cessei a escrita mediúnica por quarenta e cinco dias, por outro eu me permiti mergulhar em uma rotina de trabalhos e burocracias que não me deixaram descansar nem um pouco.

É difícil ouvir palavras que nos mostram que estamos errados e que precisamos corrigir os equívocos.

Na manhã seguinte, acordei determinado a fazer a minha parte; no período da noite, assim como faço de costume, voltaria a escrever e, em especial, começaria a trabalhar no novo livro.

Tenho muita facilidade para me concentrar e escrever. Não é uma habilidade que nasceu comigo, mas que foi sendo conquistada com o hábito diário e, por isso, facilmente entro em sintonia com as mensagens que precisam ser escritas e muito rapidamente começo a transformá-las em textos. Contudo, naqueles dias eu estava praticamente bloqueado. Quando me concentrava, um turbilhão de pensamentos tomava conta de mim, o que facilmente me desviava a atenção para outros assuntos. Nesse período cheguei a escrever muita coisa, mas não as narrativas e as mensagens do novo livro que estava a caminho. Simplesmente não conseguia entrar em sintonia com os amigos espirituais.

Chegava a rezar, dizendo: "**Cris**, cadê você? Onde você está, meu amigo?"

Simplesmente as coisas não fluíam, a rotina me tomava toda a atenção e minha sintonia não se ajustava.

Alguns dias depois, ao final do expediente de trabalho, voltei para casa com uma agitação incomum. Entrei na minha residência, procurei me centrar para entender o que ocorria. Então, fui levado intuitivamente para o estúdio de gravação que tenho em um dos quartos, liguei os equipamentos, "abri o microfone" e me concentrei, deixando fluir uma energia leve. Coloquei uma boa música de fundo, daquelas que relaxam a alma, e aguardei.

Alguns minutos se passaram, até que senti a presença do querido amparador espiritual Benedito, que me saudou amigavelmente e, aproveitando o microfone aberto, **acoplou*** na minha **aura*** e começou a passar a seguinte mensagem:

"Boa noite! Se vocês soubessem como é fácil chegar perto de vocês quando suas cabeças estão sintonizadas em uma música boa... Mas vocês acabam ficando presos a tantos pensamentos que nós não conseguimos chegar muito perto... Você já viu uma briga de cachorros? Se você chegar perto de uma briga de cachorros, você não se sai bem, pode ser que você saia machucado. Não tem como chegar nela não...

Como é que nós vamos chegar na cabeça de vocês se nem vocês sabem o que querem da vida?

Vocês precisam centrar as ideias num propósito maior

Criou uma aproximação muito íntima com o seu campo de energia, a ponto de ser percebido psiquicamente com muita nitidez pelo autor, por meio da faculdade da mediunidade.

Campo de energia humano, também conhecido como corpo espiritual ou psicossoma.

e acreditar na providência divina. É preciso todos os dias, todos os dias mesmo, sem falta, encontrar momentos de paz e descanso mental.

Da mesma forma que se abastece um carro na vida diária, pois senão ele para, é preciso encontrar um momento para abastecer a consciência de vitalidade, de energia boa. Hoje em dia, todos os ambientes estão contaminados, as casas estão contaminadas e a energia das coisas está contaminada. A agitação mental das pessoas é tão forte que essa confusão fica pairando na cabeça de todos os filhos. Daí, muitas vezes, os filhos pedem ajuda para melhores decisões a serem tomadas, pedem ajuda para conquistar as coisas, mas acabam se esquecendo de que, para receber, tem que serenar a cabeça. E assim acabam não conquistando, não porque o plano espiritual não faz nada para ajudar, mas simplesmente porque não tem como receber com a cabeça confusa de tantas coisas.

É preciso serenar, e é necessário fazer isso todos os dias... Mas não é preciso muito tempo, não. São dez minutinhos aqui, dez minutinhos ali, que fazem toda a diferença na vida de um filho. Nesse momento, os neurônios param de piscar, a aura para de enlouquecer e a sintonia se dá, simplesmente porque tudo fica mais calmo. Assim, é importante esse momento diário. Com uma musiquinha boa, aquela que eleva o coração e puxa a pessoa para um sentimento mais nobre, que traz uma capacidade de elevação e esquecimento dos problemas.

Contudo, essa filharada está toda atrapalhada com excessos atrás de tudo quanto é tela, de computador, de televisão, internet, e com isso acabam não escutando nada. Estão escutando tudo, mas não estão escutando nada...

A receita é simples, duas a três vezes ao dia, pare tudo, descanse o cérebro, para que a gente consiga chegar mais perto de vocês. O processo é simples: é só pedir e serenar a mente. Começarão a vir tantas respostas, tantas ajudas, que sempre estiveram disponíveis e que sempre estarão. No entanto, para receber, vocês têm que estar abertos, senão não adianta.

E nós não podemos abrir a cabeça de vocês "à marreta", aí não tem como, não. Mas quando a dor aperta, aí vocês abrem a cabeça... Mas não espere a dor engessá-lo, confundir-lhe a cabeça tanto assim, abra o coração, são só duas ou três vezes por dia. Daí, no resto do tempo, vocês podem confundir a cabeça de novo com todo esse mundaréu de informação perdida que tem por aí.

Mas duas ou três vezes ao dia, vocês tem que parar. Parar para receber esse fluido divino que nos envolve, e a bênção do Pai Maior e o amor do nosso querido mestre Jesus Cristo, que se manifesta através do nosso silêncio e do contato de coração para coração.

Fiquem com Deus e até a próxima."

Benedito despediu-se e, segundos mais tarde, novamente me senti no presente momento. Assim que saí do estado de torpor que a mensagem produziu em minha consciência, rapidamente cessei a gravação do microfone para ouvir a reprodução da mensagem gravada.

Que choque que eu tomei, pois, embora tenha percebido que a mensagem tinha grande abrangência, ela estava servindo perfeitamente para o meu momento. Eu comecei a entender tudo, pois, se por um lado eu também não estava me disciplinando a acalmar a minha mente, por outro ainda sentia culpa por não estar correspondendo como devia.

Tratei de recomeçar a minha rotina antiga de relaxar a mente várias vezes ao dia, mesmo que em momentos rápidos. Em dois dias, a minha sintonia natural voltou.

Na primeira noite em que senti que sairia durante o sono em **projeção espiritual*** para trabalhar nas narrativas que construiriam este livro, entreguei-me a uma prece fervorosa e abnegada, para o Plano Maior, colocando-me à disposição para fazer o que fosse, desde que eu pudesse servir aos seres de luz. Para minha surpresa, antes mesmo de dormir, enxerguei a figura de Adolfo – amparador espiritual que será mais bem relatado no decorrer desta obra – me chamando e dizendo:

— Vem, Bruno, vem logo, estamos te esperando!Então, telepaticamente, respondi:

É a faculdade que a alma tem de se projetar para fora do corpo físico durante o sono. Mantém-se ligada ao físico por meio do cordão de prata. Existem dois tipos de projeção basicamente: a consciente, em que o projetor tem discernimento sobre seus atos e pensamentos, e a não consciente, em que não há lembrança da saída do corpo.

— Mas eu não estou bem equilibrado ainda a ponto de receber esse nível de ensinamentos, ainda mais em atmosferas tão sublimes... Preciso melhorar minha sintonia, preciso fazer mais por mim mesmo.E Adolfo respondeu de uma forma risonha e carinhosa, que jamais vou me esquecer:

— Esquece isso, enche teu coração de alegria e vem, pois o *Amor é para Todos*.

Entendi tudo! Sim, o amor é para todos, o julgamento humano e a culpa que sentia por não estar "puro" para visitar o plano onde vive Adolfo é que não me permitia ir. Uma limitação imposta por mim mesmo.

— Tá certo! — falei em pensamento. —

Já estou indo, já estou indo, vou ouvir o seu chamado... **O Chamado da Luz!**

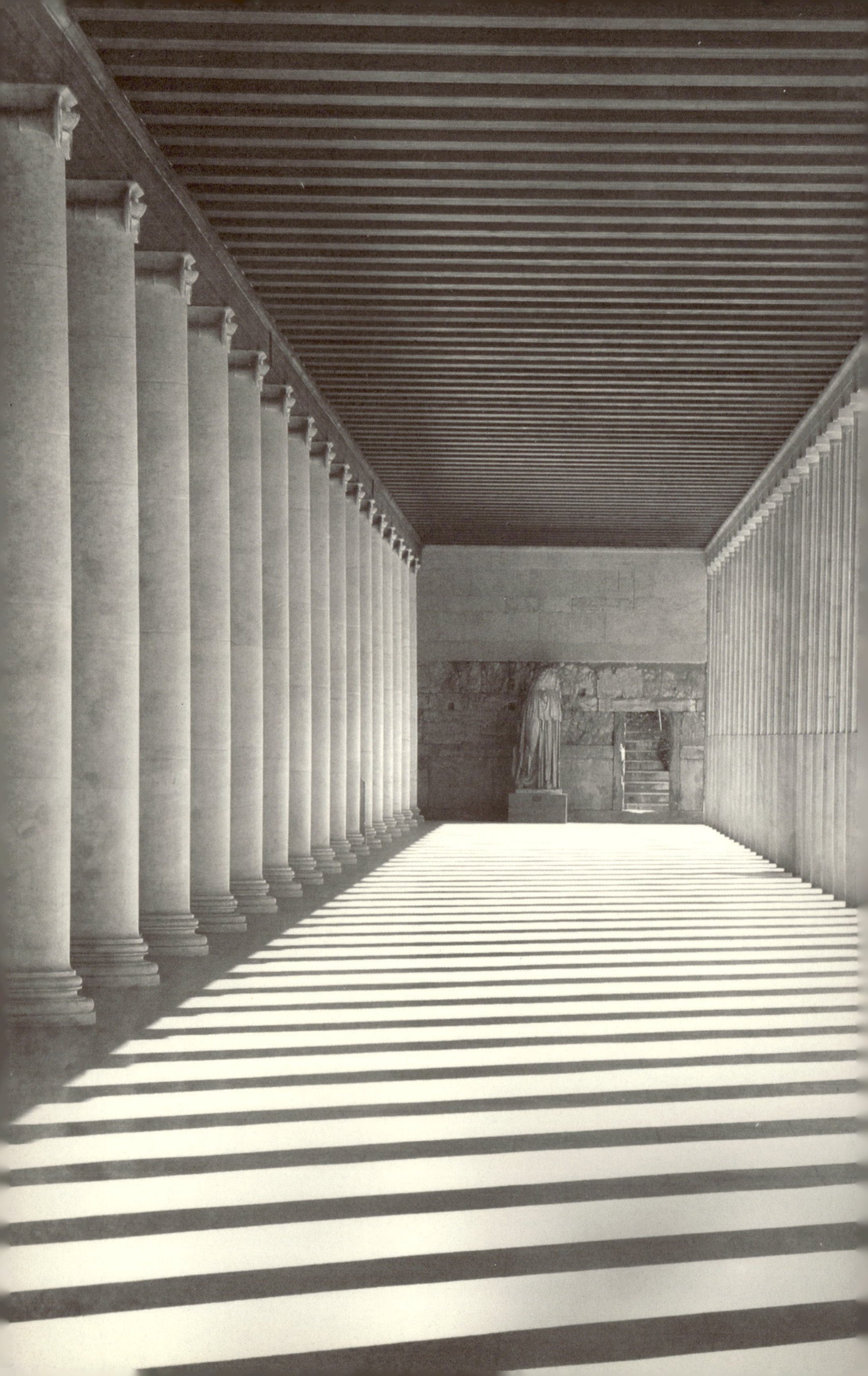

SIENA
E OS MENSAGEIROS

Senti a energia da minha alma se expandir, mas, desta vez, algo muito gostoso aconteceu, pois eu comecei a perder a percepção do meu corpo espiritual e o senti dissolvido no Todo, tornando-me uma alma mais livre do que nunca. Fiquei muito feliz e senti total confiança porque sabia que Cristopher me protegia, amparando-me com muito zelo e um carinho de irmão mais velho. Embora a aparência física com a qual ele se mostra para mim seja de um jovem de não mais que 25 anos, eu sei que sua alma é muito sábia e antiga, como a de um bom tutor.

Confiei no processo, mergulhei fundo no bem-estar da experiência, até que, em fração de segundos, me senti decolar numa imensa varanda de um templo lindíssimo. Eu tinha vontade de dançar, cantar aos céus pela minha alegria e paz de espírito. Que lugar! Que ambiente! Que sensação maravilhosa eu sentia!

Aos poucos a minha consciência foi-se estabelecendo

com equilíbrio e minha percepção sobre aquele lugar ficou clara. Era uma espécie de templo, de proporções incalculáveis, pois a altura do teto era muito grande. Suas colunas eram de um estilo grego, o piso era de uma espécie de mármore tão polida e brilhante que não sei dizer de qual tipo seria. Nas paredes, no teto e nas colunas, era perceptível uma linda e suave luz azul, a qual mostrava que tudo ali tinha uma aura de bênçãos e elevação.

Eu olhava o templo da enorme sacada, que tinha mais de cem metros de extensão ao redor daquela belíssima construção. Nessa sacada, a qual era voltada na direção da paisagem, eu me virei no sentido do grande prédio e fiquei por alguns minutos contemplando a sua beleza. Praticamente me esqueci de que estava ali conduzido pelo amigo Cristopher. Ele, como sempre, teve paciência para os meus momentos de encantamento e soube esperar um pouco até que eu me centrasse de novo no objetivo maior de nossa visita (confesso que demorou um pouco mais de tempo dessa vez).

Voltando o olhar para a enorme sacada nas minhas costas – também construída com aquele maravilhoso piso de mármore polida –, tive um impacto: estávamos sobre o globo terrestre! Essa era a visão que tínhamos ao olhar pela sacada. Além da Terra, que ficava numa posição abaixo da sacada, em uma distância que dava a impressão de que nosso lindo Planeta Azul estivesse bem distante, ainda podíamos ver uma espécie de floresta com muitas montanhas e cachoeiras, situada mais à direita, num plano bem acima do nível da Terra.

Naquele momento eu tive um êxtase espiritual. Contemplei com amor no coração aquela oportunidade de visitar um ambiente incrível. Olhei para o Cris e com um gesto o reverenciei, como forma de agradecimento por ter-me levado ali.

Nesse exato instante, uma mão amorosa tocou meu ombro direito. Eu olhei para ver quem era. Era um senhor aparentando uns cinquenta anos, com um cabelo escuro um pouco comprido que cobria suas orelhas e alcançava até a altura do pescoço. Também tinha barba da mesma cor do cabelo, que por sua vez era decorado com uma pequena tira de um tipo de fibra natural, presa apenas na altura da testa. Ele usava uma bata branca, bem discreta, que conferia a ele ares de mentor espiritual.

— Oi, Bruno! Seja bem-vindo.

Saudou-me aquele homem com um olhar tão amoroso que tive que conter a emoção apenas ao encará-lo.

— Oi, oi... Nossa... Obrigado, quer dizer, oi... Namastê... Ai, me desculpe, nem sei direito o que dizer...

Para variar, com meu jeito confuso eu já consegui tirar um riso tanto de Cristopher quanto desse nobre ser que se apresentava.

— Tranquilize-se, Bruno. Eu sou *Adolfo** e o convidei para conhecer Siena e o trabalho da nossa equipe junto às ações do Alto para elevação moral da humanidade. Consideramos que as tarefas nessa estação de trabalho deveriam ser narradas, pois aqui você encontrará uma estrutura para produzir o conteúdo para organizar o livro. Importantes chamamentos aos nossos irmãos encarnados partem daqui e por isso gostaríamos que você relatasse algumas das nossas principais tarefas.

— Obrigado, Adolfo, obrigado mesmo... Por essa oportunidade e por esse carinho.

— Você já pensou, Bruno, que, ao mesmo tempo em que estamos nós aqui, neste lugar, olhando a Terra por uma vista superior, também existem diversos irmãos em outros planos e dimensões, olhando para nós de uma vista ainda superior à nossa?

— É mesmo...

— Pois é o que está acontecendo neste instante... **Grandes Irmãos das Estrelas***, por intermédio de suas realidades, suas condições e seus meios, estão nos observando e também contribuindo para planejar e atuar em prol da evolução dos nossos planos.

— E outros seres, superiores a eles na escala da evolução, também estão. Estou certo?

Perguntei a Adolfo quase que automaticamente...

Espíritos conhecidos como extraterrestres.

— Sim, Bruno... Provavelmente, pois assim é a vida e assim é a evolução, nível a nível, estágio a estágio.

— Então como fica o papel dos extraterrestres?

— Em primeiro lugar, somos todos extraterrestres, pois a Terra é apenas uma escola na qual passamos temporariamente. Em segundo lugar, podemos afirmar que não é possível subirmos na escada da evolução do espírito pulando degraus. O que quer dizer que, para chegarmos a um nível evolutivo elevado, temos que subir a escada nível a nível, conhecendo perfeitamente cada degrau e suas possibilidades e particularidades.

— Eu estou perguntando isso porque, na Terra, vejo muitas pessoas que não acreditam nos seres superdimensionais, ultradimensionais ou extraterrestres. Já outros acham que esses seres podem ser a salvação dos humanos. Qual seria uma resposta equilibrada para essa questão?

— Eles estão aí nos ajudando, estão sempre oferecendo amparo, mas as atitudes que determinarão as mudanças, as curas, os crescimentos, as libertações, essas serão sempre intransferíveis, ou seja, o milagre sempre será processado pela força e iniciativa do indivíduo. Qualquer forma de ajuda, seja ela provinda do plano espiritual ou de planos superiores a esse, são apenas como catalisadores dessa alquimia da alma que tem como responsável principal o próprio ser.

— Então quer dizer que eles (os extraterrestres) nos ajudam?

— Sim, Bruno, com certeza, "na casa de meu Pai há muitas moradas". Entretanto, não temos como pular estágios. Se a atmosfera da Terra está em determinada dimensão ou degrau, a tarefa da humanidade é dominar e aprender sobre esse degrau e posteriormente subir no próximo. Nesse caso, o próximo degrau é esse nível da vida na qual nos encontramos agora, que muitos chamam de plano espiritual. Não há como um ser humano partir para níveis estelares sem antes ter conseguido firmar seus alicerces conscienciais nas dimensões mais densas. Essa é uma lógica da criação e da evolução humana. E, nesse contexto, a ajuda desses irmãos mais evoluídos consiste também em questões mais elevadas e abrangentes, de cunho cósmico, além dos estímulos benéficos que eles nos enviam constantemente. Entretanto, como já dito, são estímulos que, como a própria palavra quer dizer, servem apenas para promover mais força e coragem àquele que exerce a ação ou atitude de mudar e fazer melhor a cada dia.

– Isso me parece muito lógico.

Respondi com a cabeça baixa, refletindo sobre as palavras que ouvia de um ser tão consciente e humilde.

Contudo, logo silenciei novamente, pois estava atento, esperando maiores explicações sobre aquele local paradisíaco e as atividades que eram desempenhadas ali. Adivinhando meus pensamentos, Adolfo continuou explanando:

— Aqui em Siena reunimos diversos núcleos de

atividades voltadas para amparar os encarnados da Terra, e por isso convidamos você para vir aqui conhecer alguns deles, os quais consideramos que tenham afinidade com os objetivos deste livro.

Adolfo e Cris começaram a caminhar lentamente na direção da gigantesca sacada daquele incrível lugar. Fomos caminhando mais especificamente para o lado esquerdo da enorme construção. Confesso que era difícil, para mim, prestar atenção em tudo que Adolfo relatava sem me impressionar e até perder o foco, por conta da estonteante paisagem que nos envolvia. E a pureza do ar, então... Não sei descrever, pois parecia que eu não respirava simplesmente o ar, mas um fluido balsâmico, curativo e pacificador. Eu me sentia inebriado diante de um conjunto de energias tão preciosas e sublimes. Somente depois que alguns minutos se passaram foi que consegui me concentrar novamente na explanação de Adolfo, que amorosamente continuava:

— Uma das tarefas que temos neste local é a de organizar as visitas que acontecem sistematicamente aos encarnados que se mostram predispostos ao chamado universal de cura, amor e elevação. Nesse caso, mensageiros dessa estação de trabalho são destacados para encontrarem-se com irmãos encarnados durante o período do sono físico, para conduzi-los em projeção astral para os mais diversos locais extrafísicos de estudo e aprendizado, que estejam relacionados as missões pessoais desses irmãos. Em alguns casos, as equipes de mensageiros ficam rondando um candidato por muito tempo, até que, por intermédio de diversas situações, conseguem estabelecer uma sintonia mais direta e benéfica.

— Desculpe, Adolfo, não estou entendendo direito. Perguntei interessado em concatenar minhas ideias.

— Quando qualquer ser humano encarnado manifesta um desejo interno sincero de evoluir, de buscar conhecimento e condições de mudar o mundo para melhor e que essa vontade esteja pautada em um sentimento nobre, ele estabelece uma sintonia com equipes de mensageiros como os de Siena.

Em alguns casos, percebemos uma intenção sincera, mas também detectamos muita confusão consciencial. Nesses casos, precisamos empregar um pouco mais de dedicação até demonstrar, por meio de elementos indiretos, que o caminho da evolução espiritual é o mais adequado. Esse processo pode muitas vezes demandar anos, pois é um procedimento de estímulos constantes, suaves e discretos.

— Então quer dizer que vocês atuam assediando essas pessoas? Vocês são assediadores da Luz?

— Sim. O assédio sempre existirá, por isso cabe a cada um decidir, por base em sua sintonia interna, se será com a luz ou com as sombras – respondeu Adolfo com um leve sorriso no rosto.

Fiquei feliz em saber sobre esse trabalho dos mensageiros, então tratei de me calar para ouvir mais sobre tudo o que fosse possível. Adolfo continuou:

— Como já dissemos, a nossa presença acontece para as pessoas interessadas, que são indivíduos que, mesmo inconscientemente, nos convocam graças aos sentimentos que nutrem em suas almas. Nada fazemos nesse sentido para aquele irmão que ainda não despertou para valores espirituais sinceros.

Por exemplo, quando um encarnado tem o potencial de desenvolver um equipamento eletrônico que será benéfico à humanidade, nós nos apresentamos a ele (em **projeção astral***), levamos informações e conhecimentos, nós o conduzimos a cidades espirituais ou comunidades especializadas no tema e facilitamos o processo, protegendo-o e o inspirando para que o invento surja na terceira dimensão. Assim acontece com medicamentos, tecnologias, livros, filmes e projetos em todas as áreas da vida humana que estejam pautados em valores elevados. Somos tutores dos encarnados interessados na busca do bem comum e na evolução do amor.

No entanto, lembre-se: assim como nós estimu-

É a faculdade que a alma tem de se projetar para fora do corpo físico durante o sono. Mantém-se ligada ao físico por meio do cordão de prata. Existem dois tipos de projeção basicamente: a consciente, em que o projetor tem discernimento sobre seus atos e pensamentos, e a não consciente, em que não há lembrança da saída do corpo.

lamos os irmãos sintonizados no bem, os senhores das sombras também estimulam os irmãos sintonizados no egoísmo, na vaidade e nos sentimentos inferiores. Assim, existem muitos espíritos dos planos mais densos que atuam como mensageiros e levam as almas de diversas pessoas, por diversas incursões, em ambientes cercados de intenções negativas, para gerar estímulo à produção, na Terra, de inúmeras criações que são destituídas de moral. Entre essas inspirações produzidas pelos senhores das sombras, podemos citar alguns tipos de revistas, filmes, jornais não construtivos, equipamentos bélicos, tecnologias destrutivas, drogas, entre outros.

Alguns encarnados que se encontram em sintonia desequilibrada são conduzidos durante o sono para sessões de hipnoses diárias, que têm o objetivo de estabelecer comportamentos corruptíveis, maliciosos, mesquinhos, materialistas, egoístas e violentos. Já outros irmãos alienados são utilizados como intermediários em processos de obsessões complexas, em pessoas, ambientes e outras situações específicas.

— Tudo isso durante o sono do corpo físico? — perguntei quase exaltado pelo teor das informações que recebia.

— Sim, Bruno. A alma acorda quando o corpo físico dorme! Embora a maioria das pessoas não lembre ou não tenha consciência desse processo natural da alma humana, é no sono do corpo físico que o espírito acorda para a sua realidade essencial, e com isso desperta os seus potenciais. A projeção astral possibilita a condição de não limitação às prisões impostas pelo corpo físico. E, para concluir, quem está na experiência física conectado com um estilo de vida focado no bem maior e na evolução da consciência empresta ao seres de luz o valioso trabalho e também tem seus potenciais acrescidos com inúmeras práticas e treinamentos. Contudo, quem na vida física está enveredado para o egoísmo, a vaidade, a futilidade, ou tão somente a alienação, facilmente será domado e magnetizado aos serviços de ordem inferior, nos mais diferentes aspectos.

— Mas isso é muito grave! — completei quase assustado.

— Sim. Trata-se de um assunto que deve ser muito bem explorado e explicado, por isso decidimos trazer você até Siena para coletar conteúdos que possam contribuir com esse objetivo.

O aprendizado mais importante que deve ser conquistado pelos encarnados é de saber preparar-se adequadamente para o sono do corpo físico, pois, quando a alma desperta em projeção astral, seu campo de possibilidades cresce ilimitadamente. Por isso, uma pessoa que se dedica plenamente à prática da preparação consciente para o sono poderá alcançar grandes saltos evolutivos. Todavia, o ser humano desavisado, descrente ou ainda alienado pode prejudicar muito a sua trajetória por meio da contaminação que receberá nos intervalos de sono mal conduzidos ou preparados.

A disciplina espiritual dos encarnados precisa sofrer uma profunda transformação, pois somente através de práticas de elevação e harmonização suas almas se sintonizam plenamente no caminho da evolução da consciência. E é nesse campo da disciplina que os seres das sombras navegam tranquilamente, pois a questão da tão falada proteção espiritual está diretamente relacionada ao grau de comprometimento que as pessoas têm com suas práticas diárias, periódicas e habituais.

Para se ter uma ideia apurada do problema, quando entramos em cena para ajudar alguns encarnados em processo de obsessões intensas, dedicamos ao necessitado diversos esforços no sentido de ajudá-lo a se livrar de influências densas promovidas por entidades sombrias, que se utilizam de assédio direto ou **implantes extrafísicos***. Valendo-nos das leis de justiça divina, quando somos autorizados pelo Plano Maior a interferir em benefício de um obsediado, empenhamos todos os recursos necessários para promover o resgate daquele indivíduo. Entretanto,

---

Dispositivos construídos por tecnologias espirituais, utilizados para obsessão espiritual e drenagem de energia vital de espíritos encarnados e desencarnados. São introduzidos em diversos pontos da aura dos seres, de acordo com o padrão do vampirismo em questão.

uma vez resgatado e tendo devolvido sua condição de neutralidade de vínculos com forças obsessivas, essa pessoa que há pouco tempo foi resgatada, se não mantiver um hábito saudável de higiene mental e emocional, pela ação de seu próprio livre-arbítrio, poderá em pouco tempo conceder condições de reestabelecimento da antiga sintonia com seres trevosos. E, como esses seres a serviço do mal sabem que essa possibilidade de recaída é muito grande, é comum, após realizarmos nossas ações de libertação, ouvirmos dos sentinelas das sombras a seguinte frase:

"Não me preocupo, pode levar esse aí, pois não demora e suas próprias falhas nos levarão de volta a ele, e então faremos o que tiver de ser feito nesse infeliz. Aí vocês ficarão olhando sem poder fazer nada. É patético ver o comportamento desses imbecis."

— Não creio! Eles dizem isso mesmo? — perguntei a Adolfo, quase sem acreditar no que ouvia.

— Sim, claro. É comum esse tipo de comentário, pois eles sabem que os seres humanos ainda estão muito distanciados de um comportamento disciplinado quanto às práticas espirituais de conexão e equilíbrio. Em especial, o cuidado na preparação de um bom ingresso ao sono do corpo físico está cada dia mais complicado, e infelizmente é nesse período que os assédios densos mais acontecem.

Todos os encarnados precisam estar conscientes de que, quando dormem, suas almas ingressam temporariamente no plano mais sutil, libertando-se parcial e temporariamente da existência material, para relembrar-se de sua natureza espiritual. Esse é o período de revitalização da consciência, em que a alma de cada ser se lembra de sua essência e se reconecta com os seus valores mais profundos e verdadeiros. É uma reciclagem de energia.

Por isso é sensato considerar que a pessoa, antes de dormir, tenha a atenção de se sintonizar com os seus propósitos e pedir que os mensageiros da luz os conduzam para os aprendizados que estejam em sintonia com suas essências, ou, ainda, que os conduza à tarefa mais útil que lhe seja oferecida, pois, se ele não se conectar à luz, por consequência óbvia ficará à mercê de outras forças que não são necessariamente benéficas.

No período e processo atual da evolução da humanidade, um número sem precedentes de mensageiros da luz está atendendo aos chamados sinceros de trabalhadores e estudantes dos mistérios da vida, empenhados na prática do bem. São seres responsáveis por conduzir e tutelar o espírito amigo no ingresso aos mais diferentes palcos da vida espiritual, com os mais diferentes propósitos, sempre ligados ao amparo, ao ensino e ao aprendizado.

Quando a viagem da alma acontece fora do corpo, sintonizada com a Luz maior, ela busca alguns objetivos básicos. São eles:

Ensinar

O espírito, conduzido por amparadores da luz, é levado a ambientes em que ele seja útil como instrutor. Em alguns casos, a condição de encarnado confere àquele ser melhor possibilidade de interação com algumas consciências mais densificadas. Em todos os casos, os amparadores espirituais são os coordenadores do trabalho, utilizando os irmãos projetados fora de seus corpos físicos, como intermediários do conhecimento divino. Isso é normal porque muitas zonas, onde o conhecimento e o esclarecimento das leis básicas da vida são necessários, são ambientes espiritualmente muito densificados, portanto povoados por espíritos muito arredios e de certa forma semiconscientes. Nessas situações, os encarnados em projeção são mais facilmente notados do que os próprios amparadores espirituais, porque são mais densos, por conta de ainda portarem um corpo físico. Nessas rotineiras situações, basicamente os encarnados em projeção atuam como intermediários dos amparadores espirituais para levar esclarecimento em uma linguagem mais direta, portanto mais objetiva.

Aprender

Frequentemente, em projeção espiritual, a alma é conduzida para ambientes de estudo dos mais diversos tipos, a fim de poder adquirir conhecimento sobre determinado objetivo que será manifestado na experiência terrena. São sempre os amparadores espirituais que promovem o ingresso nos mais diversos ambientes, bem como estabelecem os contatos necessários para intercâmbio de conhecimento entre o encarnado e os ambientes de informações específicas. Assim como Siena e Astúria (narrada no livro *Os Símbolos de Força – A Volta dos Iniciados*), existem milhares de escolas espirituais capacitadas para receber estudantes no período do sono físico.

Ajudar

Em projeção astral, a força do magnetismo de um encarnado, bem como a sua densidade, é de grande valia para que os amparadores espirituais possam utilizá-los como intermediários de processos de cura, energização, vitalização, conscientização, desobsessão, entre outros.

Muitas vezes, um espírito que desencarnou recentemente ainda não reconhece o plano espiritual como sua nova morada, estando ilusoriamente preso ao mundo material – mesmo sem portar um corpo físico. Para que determinado espírito ainda em processo de confusão mental consiga receber um fluxo que vitalize sua consciência e o ajude a despertar para a realidade espiritual, a ajuda de irmãos encarnados no processo de projeção astral é muito benéfica.

Depois de longa explanação de Adolfo, fiquei muito pensativo, imaginando quantas vezes na minha vida eu, sem saber como resolver uma situação, rezei com fervor antes de dormir, pedindo ajuda e esclarecimento, e, ao acordar no outro dia, sem entender o mecanismo, sentia-me renovado e conhecedor de novos caminhos para vencer meus desafios pessoais.

Voltado ao momento presente daquela linda explicação, perguntei a Adolfo:

— Existem inúmeras escolas como Siena, não é mesmo?

— Sim, Bruno. É um número tão grande de escolas, centros de estudo, ajuda e pesquisa, que seria impossível contar.

— Eu pergunto isso porque vejo na experiência terrena uma certa vaidade quando o assunto são colônias espirituais, escolas astrais, entre outros, porque entre encarnados se discute muito o nome dos lugares, quando uma pessoa argumenta que foi a uma determinada escola no plano espiritual, logo em seguida uma outra pessoa diz que foi também, como se só existisse aquela, entende?

— É, Bruno. Se os encarnados conseguissem enxergar 2% do que existe nos planos mais sutis, certamente teríamos uma transformação incrível nos modos de pensar e agir de todos os irmãos, e o planeta evoluiria com anos em apenas um dia. Mas tudo vai como deve ir. Confiemos.

Empolgado com a atenção recebida por Adolfo, continuei perguntando:

— O que se aprende em Siena?

— Siena não é apenas uma escola que constituiu, ao longo de muitos anos, condições de propagar o conhecimento em diversos aspectos da vida. Aqui nós também atuamos como intermediários para promover o ingresso de estudantes em diversas escolas do mundo. Quero dizer que somos intermediários do processo de aprendizado.

— Então, quando o que o aluno precisa estudar não existe em Siena, vocês encontram "vaga" para ele estudar em outra escola? É isso?

— Sim, Bruno, é o que fazemos também. Nossos mensageiros buscam o aluno projetado espiritualmente e o conduzem aos locais de origem e também de volta ao corpo no tempo certo, com rapidez e segurança.

— Que coisa linda! Esse é um trabalho de ouro, mesmo! — falei com toda alegria e admiração.

Então fiquei em silêncio, olhando para a paisagem, para Adolfo, para Cris, para a belíssima Siena, contemplando tudo, agradecendo ao Grande Espírito Criador, aos Grandes Mestres de Luz pela oportunidade de estar ali, naquele lugar, na presença de seres tão incríveis.

É impressionante como em dimensões mais elevadas da vida humana nosso relógio interno ou a nossa programação interior fala alto, pois temos um senso de direção e discernimento muito apurado nesses locais. Isso nos faz perceber que a alma humana é poderosa, mas limitada pelos venenos da mente e pelas ilusões da matéria.

Naquela dimensão, nesses instantes de silêncio e contemplação, para qualquer pergunta que eu fizesse vinha imediatamente a resposta à minha mente. Qualquer necessidade estava sanada, qualquer sentimento mal resolvido era transmutado. Eu me sentia ligado ao Todo de uma maneira tão profunda e agradável que, após aquela experiência, muita coisa mudou na minha vida.

E foi assim, nessa sintonia plena, que percebi que minha narrativa para aquele dia tinha chegado ao fim, pois deixaríamos para outro momento a continuação das descobertas que Siena e Adolfo estavam nos trazendo. Digo "nos trazendo" porque, quando escrevo, estou atuando como uma espécie de repórter empenhado em levar informação ao leitor, mas, quando faço isso, aprendo junto!

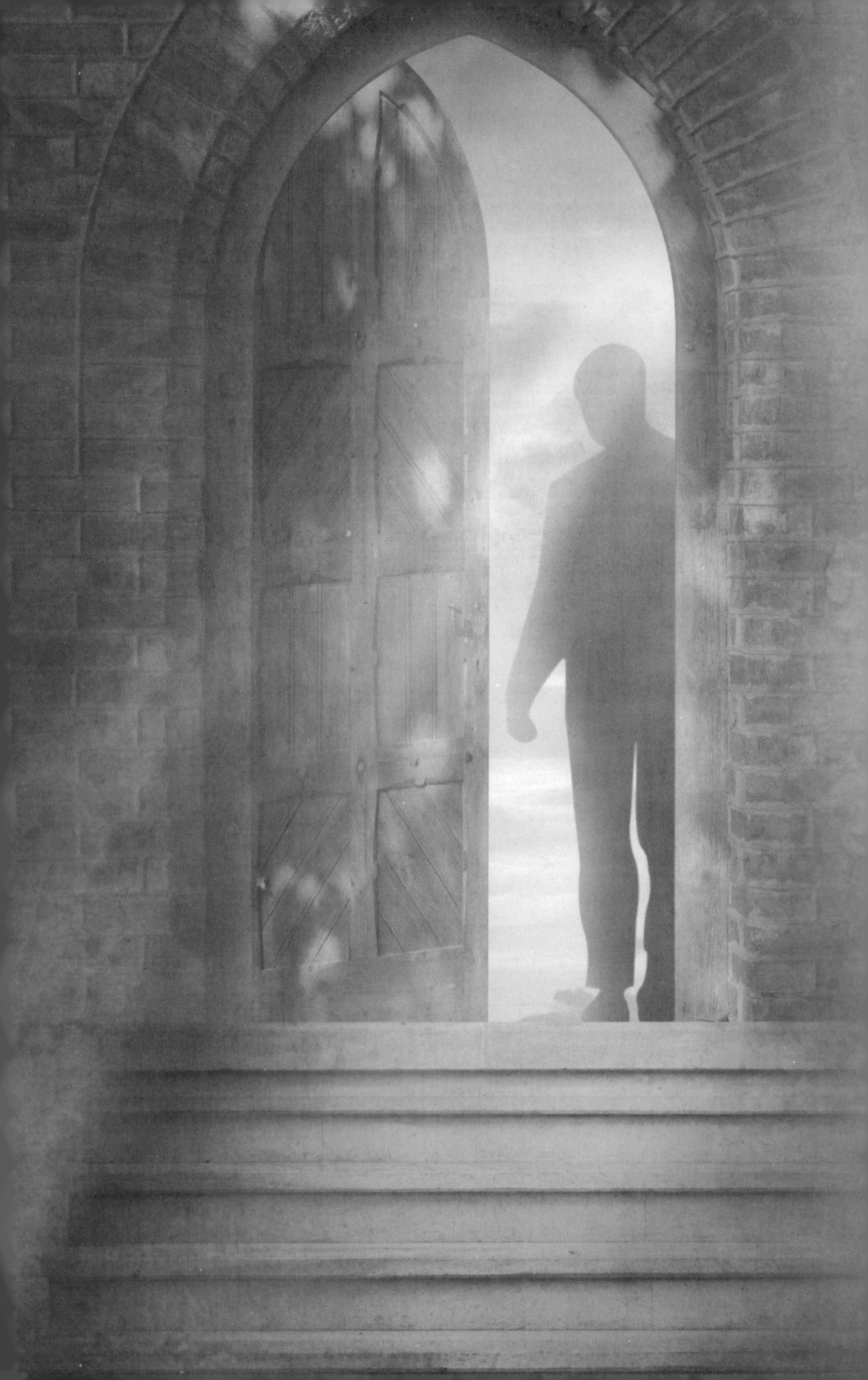

DUDU E ROBERTO: UM ASSÉDIO CURIOSO

Quando o meu corpo dormiu, rapidamente

já me senti transportado para Siena. Tão logo meu espírito recobrou a consciência no plano espiritual, naquele lugar maravilhoso já percebi o querido Cris de pé, ao meu lado, esperando que o torpor provocado pela **transição de planos*** passasse.

— Você já está bem? — perguntou Cris.

— Sim, já estou "aqui", já me centrei!

— Que bom! Então segure em mim, eleve a sintonia e venha...

Senti minha consciência se perder por uns instantes, numa sensação semelhante à de dormir profundamente, mas logo acordei daquele translado rápido a que havia sido submetido com a ajuda do amparador Cristopher.

Chegamos a um quarto de uma casa qualquer no

A mudança da consciência da dimensão física para a espiritual.

plano físico. Percebi que havia uma cama de casal e apenas um homem dormindo nela. Roberto era o seu nome. Também havia outro rapaz (este segundo, um espírito desencarnado), postado ali ao pé da cama, como que fazendo guarda naquele ambiente.

Narrarei o que eu vi acontecer logo depois:

— Oi, meu irmão! — Cris cumprimentou aquele espírito que estava no quarto, ao pé da cama de Roberto.

— Não sou seu irmão — disse o ser que trajava uma jaqueta de couro preta e usava um cabelo estilo James Dean.

— Certo. Então, se você não é meu irmão, como é o seu nome?

— Dudu.

— Mas Dudu não é nome de um espírito perturbador — comentou Cris, com um leve sorriso no rosto.

— E o que isso importa?

— Não, nada... Apenas comentei — disse Cris, ainda sustentando aquele sorriso.

— O que vocês querem de mim? — perguntou Dudu, um pouco desconfiado e nervoso ao mesmo tempo.

Nessa hora surgiu Benedito, com toda a sua usual ternura, e disse:

— Oi, meu filho. Não queremos nada com você, não. Queremos mesmo é com o Roberto.

— Não sou seu filho também. Mas que caramba que vocês todos querem virar meus parentes! Eu nem conheço vocês! — respondeu Dudu, já irritado.

Cris e Benedito se olharam com vontade de rir, mas mesmo assim mantiveram o semblante sereno, pois o momento não permitia esse deslize.

— Está certo, meu filho, vamos lhe explicar. Nós temos permissão para levar o Roberto em espírito para uma escola do plano espiritual e você está impedindo — falou Benedito, mantendo a ternura na fala.

— Mas ele me interessa muito, porque, se eu fizer uma "coisinha" com ele, então ganharei o que quero.

— Que coisinha? — perguntou Benedito.

— Eu preciso colocar na cabeça desse cara que ele precisa sair mais à noite, precisa se divertir mais, porque a vida é curta, e que ele precisa parar de ser tão responsável. Se eu fizer isso, vou ganhar uns prêmios aí.

— Quais prêmios?

— Vou poder frequentar umas festas novas cheias de gatinhas. Tô "doido" para transar. Se eu conseguir a minha meta, vou transar várias vezes a cada noite nessas festas. Por enquanto o chefe de lá não me deixa entrar se eu não fizer o meu serviço.

— Ah, sim, entendo. Mas como você vai transar se morto não tem "pinto"? — indagou Benedito.

— Tá louco, velho, que "doideira" é essa? Tá meio pirado das ideias, né?

— Não estou, não, meu filho, mesmo porque um velho como eu sem juízo "das ideias" não ia ficar bem, não é mesmo? Sem juízo está você, por querer usar o seu "pingulim" no plano espiritual. Acorda, meu filho! Aqui ele não serve para nada, a não ser para escravizá-lo.

— Esse "veio" deve ter cheirado umas "paradas" mesmo, só fala besteira — resmungou Dudu.

Eu, observando toda a situação, esforçava-me para não rir, pois a cena era hilária, só que ao mesmo tempo era deprimente, por conta da fascinação do moço.

Então Benedito chegou perto do rapaz, olhou profundamente em sua face, fechou os olhos, concentrou-se e, dentro de alguns segundos, produziu em suas mãos uma pequena bola de energia branca. Logo em seguida, inseriu aquela bola de luz na região do primeiro chacra do rapaz, especificamente no ponto onde seria o seu pênis. Nesse instante, o inusitado aconteceu.

O rapaz começou a pular de um lado para o outro, gritando: "Cadê o meu "pinto"? Cadê? Esse "veio" safado sumiu com o meu "pinto"! Eu não vejo nada! Cadê? Me devolve!"

Eu tive que me conter. A cena só não foi mais engraçada porque reservava um sentimento de tristeza de perceber que aquele jovem espírito não percebia que estava desencarnado, e, fascinado pelo vício do sexo, estava completamente perdido no plano espiritual.

A atitude de Benedito foi exatamente a de dar uma clareza mental maior ao rapaz, para que ele, através do choque que teve com a ideia de não ter pênis, pudesse refletir um pouco.

Depois disso, Benedito falou:

— Meu rapaz, escute este velho só um pouco...

Então Benedito estalou os dedos duas vezes, formou um ponto luminoso em sua mão direita e, com agilidade ímpar, instalou aquele ponto luminoso na região da testa de Dudu. Em segundos, ele entrou em um estado de transe, no qual permaneceu por alguns segundos. Em seguida, teve pequenos espasmos, para logo depois voltar daquela viagem produzida por Benedito.

Então ele abriu os olhos, dessa vez com a face completamente transformada e tomada por uma expressão de choro. Ele logo foi dizendo:

— Agora eu entendo, agora eu entendo! Eu sou um espírito... Eu sou um espírito... Eu morri!

— Não, filho, você não morreu. Foi só o seu corpo. Seu Eu continua vivo!

— O que eu faço agora? — perguntou Dudu, completamente perplexo.

— Reze, meu filho. Venha, vamos rezar juntos.

Então eu vi a imagem mais linda de se ver. Benedito

e Dudu, ajoelhados ao pé da cama de Roberto, começaram a rezar. Poucos segundos depois, enxerguei a imagem de uma senhora chegando por trás de Dudu, abraçando-o com carinho. Era a sua avó paterna, que, já no plano espiritual, vinha participar dessa nova etapa na jornada do moço. Então o rapaz, juntamente com sua avó e Benedito, desapareceu do local. Telepaticamente, senti Benedito me dando um até logo e me dizendo que ele precisava acompanhar aquele processo.

Senti a figura de um ser africano – trajando roupas feitas em pele de animal, descalço, segurando uma enorme lança, cheia de adereços – posicionar-se próximo á porta da sacada do quarto. Lá fora, na sacada, uma onça pintada movia-se lentamente, de um lado para o outro, firmando guarda no ambiente.

Fiquei encantado com a sintonia entre o africano e a sua onça, pois parecia que a mente dos dois era conectada.

Nós saudamos a presença do africano – que era um protetor – e a sua onça.

Naquele instante, percebi um estreito tubo de luz se formando no teto do quarto e, vindo dele, surgiram dois mensageiros de Siena, empenhados em levar Roberto para o primeiro dia de estudos em uma escola do Astral Superior, para aprender algumas noções de finanças e economia que transcendiam aos seus conhecimentos tradicionais e que lhe seriam muito úteis na fase atual de seu trabalho na vida física.

Roberto já vinha há vários dias fazendo uma oração fervorosa antes de dormir, pedindo ajuda para solucionar um problema em seu trabalho, por isso os mensageiros de Siena estavam empenhados em auxiliá-lo. Todavia, antes de começar seu treinamento, os mensageiros de Siena precisavam resolver a questão do assédio que ele estava sofrendo por parte daquele espírito que conhecemos como Dudu.

Dudu estava assediando Roberto porque este guardava em seu inconsciente uma tendência a festas noturnas, a uma vida de "baladas" (mesmo que suas atitudes estivessem em outra sintonia naquele momento). Se Roberto fosse assediado da forma correta, poderia ser uma presa fácil para os objetivos do ex-obsessor Dudu. Além disso, Roberto encontrava em seu trabalho vários colegas cheios de inveja que, em seus pensamentos mesquinhos, desejavam que ele falhasse em sua empreitada, já que tinha uma função de liderança de bastante destaque, o que despertava muitos sentimentos antagonistas de pessoas desequilibradas emocionalmente.

Nesse caso, combinaram-se as tendências para festas e baladas, mais a emanação de amigos invejosos, para que o assédio denso surgisse. Os seres das sombras farejam os pontos fracos de suas presas com total perícia, a ponto de lhes explorar suas maiores fraquezas, a fim de transformá-las nas portas de acesso para suas derrocadas morais que abalam todas as suas estruturas. E, no caso, Dudu estava sendo utilizado simplesmente por sua condição de barata tonta do plano espiritual.

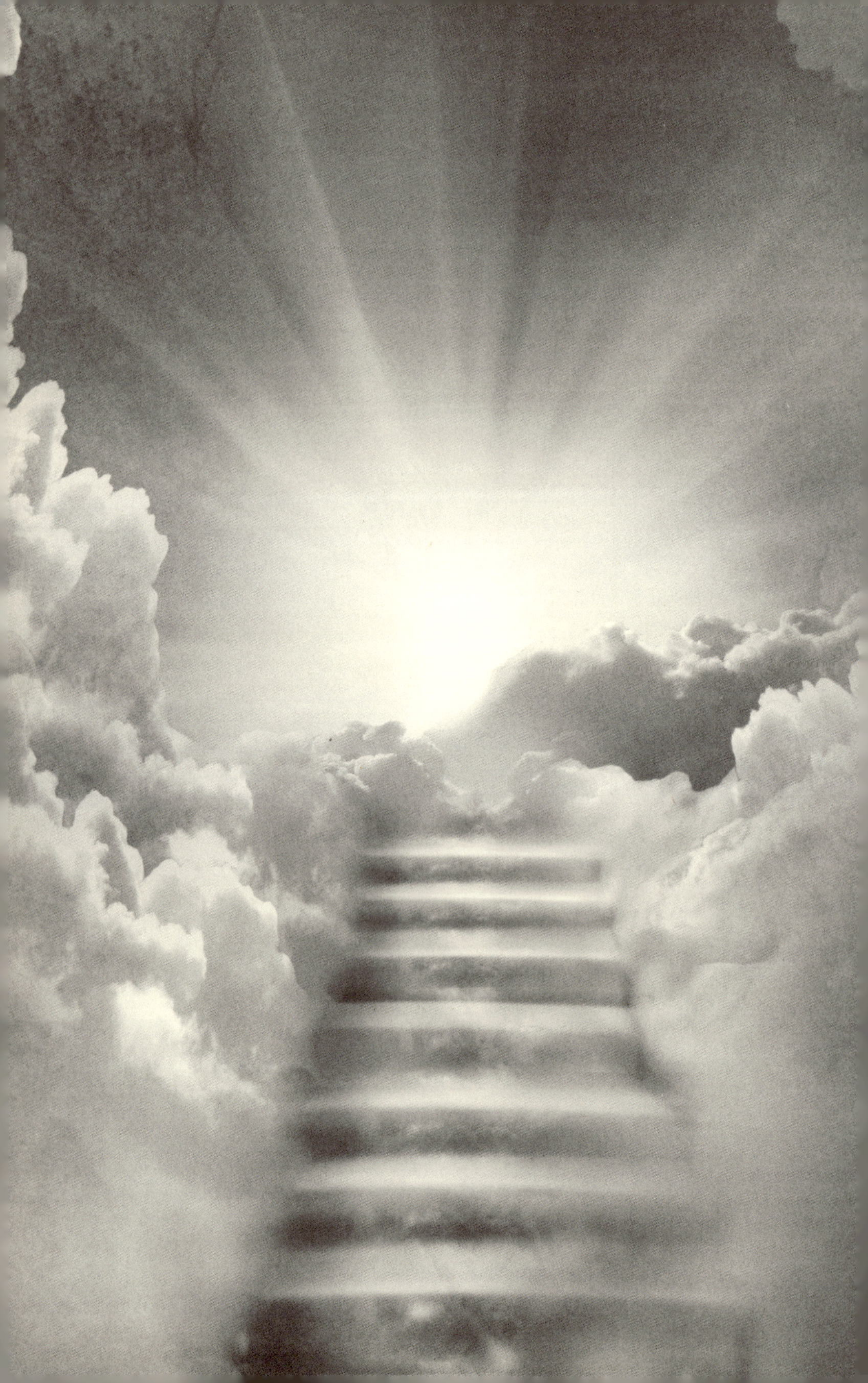

DETALHES TÉCNICOS
SOBRE O TRABALHO DA LUZ

Em nova ocasião, voltando a Siena em espírito, apresentei-me mais uma vez cheio de curiosidade sobre o caso de Dudu e Roberto narrado anteriormente. Animado para fazer muitas perguntas, logo após saudar o amigo Cristopher, perguntei:

— Cadê o Adolfo?

— Mais tarde você o verá.

— Posso tirar umas dúvidas sobre o caso Dudu ou ainda não é hora?

— Pode, sim.

— Como funciona essa distribuição de tarefas quando o assunto é ajudar encarnados a encontrar, em projeção astral, escolas espirituais para aperfeiçoamento nas mais diversas áreas? Quem os leva, quem os traz? Além disso, por que foram Benedito e o africano que participaram do processo com Dudu e Roberto?

— Entendo sua curiosidade... Seres como Benedito

são espíritos muito experimentados em magia, mentalismo, magnetismo, forças da natureza, energia das plantas e muito mais. São trabalhadores imprescindíveis a serviço do bem maior que possuem a habilidade de transitar com muita facilidade nos planos densos, na faixa de frequência da dimensão espiritual. Além disso, Benedito e todos os espíritos que trabalham com arquétipo de Pais Velhos possuem qualidades diferenciadas para contribuir nos processos de desobsessão, curas e libertações espirituais. Em outras palavras, podemos dizer que seres como Benedito conhecem todos os atalhos para facilitar as intermediações entre as forças do alto e os irmãos encarnados. Nós os consideramos os verdadeiros guias, no sentido real da palavra, pois eles conhecem o caminho. Além disso, eles possuem elevada reputação – obviamente merecida – com todos os grupos de espíritos que trabalham nas mais diversas faixas de frequência vibratória das dimensões extrafísicas. Eles são peritos na arte de modular seus corpos espirituais, adequando-os aos mais diferentes ambientes astralinos de luz, de trevas e os intermediários. Eles atuam no ambiente extrafísico de mares, lagos, rios, rochas, cidades subterrâneas e alguns ambientes inóspitos inimagináveis. Além disso, esses seres, por sua experimentada e lapidada capacidade moral, possuem uma habilidade ímpar na utilização de palavras simples, objetivas e agudas, no sentido de que elas vão direto ao coração e fazem o que tem de ser feito com extrema objetividade.

Para o bem maior da humanidade, eles são muitos... Eles são soldados do Grande Espírito Criador totalmente dedicados à causa da ajuda ao próximo, em especial nesses casos de cura, resgate e desobsessão citados acima. Eles têm uma facilidade muito grande de convocar demais trabalhadores (com habilidades das mais diversas) para as tarefas que executam constantemente. Fazem isso com uma destreza e eficiência impressionantes, pois entendem perfeitamente cada tipo de apoio de que precisam para cada específica tarefa.

— Você se refere a outros espíritos que atuam nas tarefas, como é o caso daquele africano e sua onça?

— Sim, Bruno, exatamente. Por algum motivo, no caso de amparo ao Roberto e no trato com o espírito preso ao quarto, Benedito entendeu a necessidade de amparar o ambiente para que outros seres que certamente estavam manipulando Dudu não aparecessem para atrapalhar aquela ação coordenada à qual pudemos assistir. Em alguns casos, eles reúnem centenas de trabalhadores, das mais diversas áreas, com variadas funções e especialidades. Muitas vezes são técnicos, engenheiros e guardiões especializados em batalhas intensas. Em outros casos, eles convocam grupos de amas de leite, crianças, vovôs, vovós, cantores, índios e até espíritos da natureza que possuem consciência bem diferente da dos humanos. É nessa tarefa que esses seres como Benedito atuam.

— Nossa! É muito amplo mesmo esse tipo de atividade! — comentei com admiração.

Assim que Cristopher terminou de falar, vimos Adolfo chegando. Ele veio sorrindo em nossa direção, saudou-nos e perguntou:

— E então, Bruno, o que achou do caso do Roberto?

— Fiquei muito impressionado! — respondi quase sem pensar.

— É muito importante narrar esse episódio para que as pessoas na Terra entendam um pouco sobre o processo de obsessões como essa, pois são típicos processos manipulados por espíritos mais especializados que jamais aparecem nos ambientes onde o vampirismo ocorre. Assim sendo, pudemos ver que Dudu, por conta de sua ignorância e por seu apego a desejos mundanos, servia de marionete aos seres das sombras.

— É muito comum esse tipo de obsessão?

— Muito, muito mesmo.

— Mas, Adolfo, o que que mais me chamou a atenção foi o fato de Dudu ter-se ligado a Roberto porque este último guardava em seu inconsciente antigos padrões de comportamento que, mesmo inativos, foram suficientes para estabelecer a conexão entre ele e o obsessor. Como isso funciona?

— Bruno, os seres mais experimentados possuem ampla técnica de escaneamento mental. Assim sendo, conseguem realizar uma avaliação profunda nos padrões instáveis de suas vítimas, para atuarem com precisão e eficiência. Dessa forma, eles agilizam o processo obsessivo. Quando fazem essa análise apurada, já destacam com rapidez incrível os melhores recursos para cada caso ou alvo. Em especial, sua ação é muito facilitada, pois costumam agir nos pontos em que os seres humanos ainda não estão bem resolvidos, digamos assim.

— E existe um padrão de atitudes e comportamentos que esses seres das sombras basicamente costumam estimular em seus alvos?

— Sim, Bruno, existe! Podemos citar os mais comuns. Dá para dizer que esses são alguns dos principais comportamentos de que os seres das sombras mais gostam, pois facilitam muito a ação obsessiva. Os seres das sombras querem que você:

1. minta, que não viva a verdade em cada ato, que não faça da vida aquilo de que você gosta, que procure preponderar os interesses materiais em relação aos conscienciais e que jamais cumpra com a sua palavra;

2. tenha muitas dúvidas em todas as áreas, que se sinta inseguro o tempo todo e que não tenha fé na vida, nas pessoas e nas possibilidades que o universo oferece;

3. não estabeleça uma conexão com a Fonte Divina ou Deus; que acredite que só se vive uma vida. Em especial, que você se concentre em aproveitar a vida no sentido de apenas se divertir o tempo todo, principalmente que você não dê atenção à evolução do amor e da consciência. Quanto menos você pensar e agir no sentido de realizar a missão da sua alma, que é o propósito da sua existência, mais você agrada os seres das sombras e mais você facilita o trabalho deles;

4. não se preocupe com os outros; que não pense em caridade, em bem-estar alheio, em colaborar para a formação de uma sociedade mais digna e elevada. Quanto mais você pensa unicamente nos seus interesses mundanos, mais você agrada e facilita o trabalho das sombras;

5. jamais perdoe e que sinta muita raiva e desejo de vingar-se das pessoas as quais lhe fizeram mal. Além disso, que você faça valer a sua palavra a qualquer preço, sem compaixão, sem paciência e sem respeito. O tipo de campo de energia produzido por esses sentimentos alimenta muito a força dos seres das sombras, oferecendo a eles alimento, energia e campo de ação para suas investidas nefastas;

6. jamais estude e que nunca busque o desenvolvimento

de seus potenciais. Em especial que você seja acomodado, preguiçoso e sem iniciativa. Quanto menos você cuidar do seu corpo, da sua mente, das suas emoções e do seu espírito, mais você ajudará a facilitar o trabalho das sombras. Quanto mais alienado e cético você for, melhor!;

7. seja fanático, determinista, inflexível, convicto e fascinado. Quanto menos tolerância, equilíbrio, leveza e sensatez você tiver nos seus atos, mais você contribuirá para as estratégias dos seres das sombras;

8. elimine da sua vida a oração, a meditação e qualquer tipo de prática espiritual. De preferência que você substitua essas práticas por vícios como drogas, álcool, fumo, alimentação desequilibrada, jogos e sexo promíscuo. Quanto mais você abandonar práticas saudáveis, mais você contribuirá para abrir a porta de acesso que liga os seres das sombras até você;

9. não seja disciplinado e que nunca tenha persistência para seguir seus objetivos, para realizar suas práticas diárias de conexão com Deus e que nunca tenha perseverança em buscar os seus sonhos;

10. jamais acredite na sua intuição e que siga apenas a voz da razão e que não confie em nada, absolutamente nada

que não seja comprovado cientificamente ou que não tenha relevância acadêmica. Em especial, que você abandone a sua sensibilidade de perceber as coisas e as situações, acreditando apenas no que você vê com os próprios olhos. De preferência, quando situações ruins acontecerem em sua vida, vitimize-se e rapidamente encontre um culpado, que certamente não deve ser você.

— Nossa! Estou assustado... — falei quase desabafando, pois estava realmente atônito com a relação de comportamentos citados.

— Por isso a busca da consciência e da elevação moral e espiritual deve ser constante, pois só assim teremos uma proteção natural contra este tipo de assédio das sombras — comentou Adolfo, com um leve sorriso no rosto.

Aqui cabe um comentário particular deste autor que atua como um escriba no plano espiritual.

Eu fiquei impressionado com a expressão leve com que Adolfo se pronunciou, e neste rápido momento de reflexão pensei:

"Puxa vida! Que roubada esta tal de vida! Viver é uma cilada mesmo... É praticamente impossível não sucumbir em algum momento, pois em uma hora ou outra vou errar. É impossível um ser humano não errar!"

Como já disse, esse foi um pensamento que tive, mas fui ingênuo, pois, em atmosferas espirituais como a de Siena, é impossível você reservar os pensamentos somente para você, portanto tudo que eu pensei eles puderem "ler" e, consequentemente, alguns segundos depois, Cris e Adolfo já estavam rindo da minha afetação.

— Ora, ora... Eu não posso pensar nada que vocês já descobrem! — falei em tom de riso.

— Não se preocupe. Entendemos o seu espanto – foi Cris quem respondeu dessa vez.

— Então o que fazer para driblar esses desafios todos? Existe a possibilidade de, mesmo com um ou outro deslize, nós encarnados encontrarmos um caminho de sintonia com as forças de luz, cortando a ressonância com esses assédios nefastos?

— Na obra divina do Grande Espírito Criador não existem falhas. Tudo acontece nível a nível e obedece um ritmo que não pode ser apressado. Portanto, não são basicamente as falhas que conduzem os encarnados para estabelecer sintonia com os assédios obsessivos, mas o padrão básico de direcionamento que cada pessoa tem.

— E o que é esse padrão básico de direcionamento? — perguntei, muito curioso para saber a resposta.

— É a verdade de cada um, é o conhecimento da **razão*** de sua existência, de sua programação interior, ou, ainda, da missão da sua alma. Uma pessoa não pode viver a sua vida sem ter um conhecimento claro da finalidade de sua existência e sem estar agindo nessa mesma direção. Dessa forma, os erros humanos são aceitáveis, desde que a pessoa esteja errando em pequenos atos, mas que esteja na rota certa.

O maior deslize é errar nos atos e errar na rota, pois, quando isso acontece, a obsessão é uma consequência.

Pode-se dizer que, quando uma pessoa descobre a sua Razão, se alinha a ela e se comporta em função dela, então ela aciona o selo divino. Quando isto acontece, é

---

* A razão é a união do coração e da mente, que são energias que nunca devem atuar separadas uma da outra. Quando olhamos a razão de forma profunda, acessamos os nossos registros internos, a parte divina que vive em cada um, e, quando fazemos isso, enxergamos quem somos em essência. A razão de cada ser é o conhecimento de sua missão pessoal.

como se a pessoa estivesse nadando a favor da correnteza de um rio, pois tudo fluirá em um único sentido. Em outras palavras, a proteção espiritual acontece quando a pessoa está fazendo o que deve fazer. Em contrapartida, se ela estiver na rota errada ou nadando contra a correnteza, então ela estará brigando contra as leis naturais, pois estará agindo no contrafluxo, que é onde todos os erros são potencializados.

Essa deveria ser a maior busca do ser humano: a compreensão da missão de sua alma.

Observando aquela explanação brilhante do nobre amparador, encantado com a forma como explorava o assunto, não pude deixar de me colocar mais uma vez na situação de encarnado, para questionar algo básico:

— Mas, Adolfo, não é muito fácil descobrirmos a missão da nossa alma quando estamos encarnados, concorda?

— Concordo, Bruno, mas isso só acontece por conta da cultura humana, que deve sofrer muitas transformações neste período do Chamado da Luz. É exatamente esse tipo de modificação consciencial que será mais estimulado entre os encarnados da Terra. Cada vez mais, pessoas de todo o mundo naturalmente estão acordando com uma voz interna que pergunta: O que eu devo fazer? O que estou fazendo na vida? Qual é a minha missão?

— Compreendo, mas, basicamente, qual é o caminho do ser humano encarnado? Qual é o seu objetivo básico e qual é a sua missão de alma?

Vamos explicar basicamente o processo de reencarne cíclico na experiência física da Terra

O indivíduo vive uma experiência material em um mundo material, vestindo um corpo físico, mas ele não é o corpo físico, ele é o corpo espiritual. Quando o seu corpo físico morre, o seu corpo espiritual volta para a sua morada original, que é a dimensão extrafísica da existência. Essa dimensão também é chamada de plano espiritual.

O plano espiritual interage com o plano físico e o plano físico interage com o espiritual o tempo todo. Entretanto, para notar essa interação constante, o ser humano precisa se sensibilizar, silenciar a mente e expandir as faculdades psíquicas, pois são elas as responsáveis por esse intercâmbio.

A dimensão física da Terra serve aos encarnados como uma escola. Os espíritos são conduzidos até este ambiente físico com o propósito de evoluir, de resgatar situações mal resolvidas, de expandir os aprendizados pessoais, de aprender a dominar o ego inferior. Contudo, quando o espírito se condensa para usar um corpo físico – o que também é chamado de reencarnação –, acaba perdendo muito de sua consciência sobre a existência espiritual. É nesse momento que os desafios começam, pois, se ele não souber se sintonizar com ele mesmo, os desvios podem surgir.

Vivendo na Terra, o espírito aprendiz é submetido aos desafios que podem densificá-lo ainda mais ou também pode contribuir com a sua iluminação e plenitude. Na Terra, quando se veste um corpo físico no tempo de uma existência, é preciso aproveitar a oportunidade para fazer valer a pena o período de aprendizado e, acima de tudo, jamais aumentar as contas que já existiam de encarnações anteriores.

Só será possível triunfar sobre o desafio se o aluno da escola Terra souber mesmo de onde ele veio. Só conseguirá evoluir com os aprendizados aquele que estiver constantemente consciente de sua condição de espírito.

Nessa jornada para aprendizado na escola Terra, quando os estudantes ingressam no período de estudos de uma encarnação, os espíritos das dimensões extrafísicas estão profundamente interessados no andamento dos aprendizados desses alunos. Os seres da luz querem o seu sucesso, porque sabem que esse fato pode melhorar o mundo, mas o os seres das sombras querem o seu fracasso, pois querem piorar o mundo.

No plano físico, o assédio é liberado. De acordo com as leis divinas para a Terra, o livre-arbítrio deve ser respeitado, portanto o assédio que um aluno morador da Terra recebe é escolha própria. Os assédios são de luz e de sombras, mas o caminho a ser seguido será sempre escolhido pelo aluno encarnado.

Essa é a conhecida disputa entre o bem e o mal, muito falada desde as histórias antigas até os dias de hoje. Ela existe e, pelas leis divinas, é também justa, porque, como já dito, a escolha é de cada um e o lado sombra da existência precisa agir para representar os aprendizados de cada um.

Cada aluno faz a sua história, constrói o seu aprendizado e decide o seu futuro. Cada aluno decide a sua sintonia e o assédio que receberá. E ele receberá! Mesmo que não saiba ou não perceba, ele receberá...

Da mesma forma que os espíritos da dimensão extrafísica podem interagir com os alunos da escola Terra no plano físico, os alunos encarnados também podem comunicar-se com os espíritos, desde que para isso eles estimulem seus mecanismos sutis de percepção.

Ao final do estudo, no período que representa uma encarnação, o aluno perde o seu corpo físico que lhe serviu de veículo e ele retorna (em espírito) ao plano espiritual para concluir qual foi o seu desempenho.

Alguns mergulharam tanto na matéria que demoram muito tempo para perceber que retornaram à sua morada espiritual. Com isso sofrem, adormecem, apegam-se ao passado, apegam-se a emoções ilusórias e atrasam seus projetos evolutivos.

Outros, conscientes de seus erros e esquecimentos, no contato com a dimensão espiritual, a qual é a sua morada original, recuperam suas consciências e organizam-se para planejar uma nova jornada na escola Terra. Sabedores das suas condições de "repetentes". Pedem a oportunidade e o amparo para voltarem o quanto antes, a fim de encontrar sua redenção, e assim o ciclo se reinicia.

Já um grupo um pouco menor em proporção volta aos lares espirituais conscientes da jornada e agradecidos pelo bom desempenho que tiveram no período da encarnação. Conhecedores da lei da evolução constante, organizam-se rapidamente para o novo retorno, com o propósito de continuar lapidando e aprofundando os aprendizados.

Basicamente, esse é o caminho a ser seguido de morte e nascimento, ou melhor, de morte e renascimento. Isto também contextualiza a explicação necessária para curar o apego, pois a morte é o retorno à nossa morada original, bem como o nascimento é ingresso na nova jornada de aprendizado.

Cabe ao aprendiz, que é o espírito encarnado na Terra, encontrar os caminhos na vida física, para que ele fique sempre sintonizado com a sua essência espiritual, pois, desta maneira, a sua razão, que é a sua missão de alma, aflorará naturalmente, para que seu caminho de expansão do amor e cura das emoções e dos pensamentos inferiores seja bem realizado. Ouvi atentamente aquele discurso, tentando elaborar a minha próxima pergunta, mas confesso que, em vários momentos, eu me perdia em reflexões, porque a forma como os amparadores colocavam o assunto era algo que realmente me impressionava. Em alguns segundos, voltei daqueles pensamentos e logo fiz uma nova pergunta:

— Então a Razão ou a Missão da alma de cada espírito encarnado na Terra é a Evolução?

— Sim — respondeu Adolfo rapidamente.

— E evolução significa diretamente curar as emoções e os pensamentos inferiores para a expansão do amor? Então é nisto que se resume a razão de cada ser?

— Basicamente, sim, Bruno, mas é importante entender Razão como a verdade de cada ser, ou seja, o caminho pleno que ele deve viver para que suas condições de evolução sejam manifestadas. Quando a pessoa vive uma vida que não lhe compete, quando ela não faz o que ama, não se comporta com base na sua essência, ela jamais terá mecanismos naturais aflorando para que sua capacidade de cura emocional e mental aconteça, entende? Portanto, a razão é o veículo que transporta a pessoa na direção da evolução, pois, quando ela encontra a sua razão, não demora e os passos da evolução começam a acontecer naturalmente.

— Entendo — disse mais uma vez, refletindo profundamente sobre a lição recebida.

Então Cristopher começou a falar:

— Quando vivemos a verdade em cada ato, vivemos o amor, pois o amor e a verdade são irmãos, portanto são frutos da mesma árvore. O que normalmente faz uma pessoa se nutrir de pensamentos e emoções negativas é sua forma de viver a vida sem sintonia com a sua verdade interna ou a missão da sua alma.

Quando não se vive em sintonia com a essência, ou melhor, quando não se trilha o caminho da verdade da alma, então o estilo de vida e atitudes do encarnado também ficam desequilibrados.

O amor e a verdade fluem da mesma Fonte: o Bem Maior!

— Entendi tudo! — falei, grato e resignado. — É o

caminho da verdade a nossa melhor maneira de conquistarmos a tão falada proteção espiritual. É a verdade que liberta, como disse nosso querido mestre Jesus.

Olhei para os dois amigos e os vi com os semblantes mais iluminados que o normal. Senti naquele momento que uma luz mais forte pairava sobre nós, o que me fez sentir mais grato ainda.

— Obrigado, amigos, obrigado, Siena, obrigado, meu Pai. Eu estava realmente grato por tudo e cheio de paz no coração. Então senti que os ensinamentos estavam encerrados, pelo menos até aquele instante.

Adolfo já havia se apresentado no livro anterior, *Símbolos de Força – A Volta dos Iniciados*, mas, na ocasião, não nos foi revelado quem ele era e qual era seu trabalho específico. No exato instante do encontro que tive com ele, fiquei sem palavras, pois o reconheci de imediato, o que me deixou um pouco eufórico, confuso e feliz.

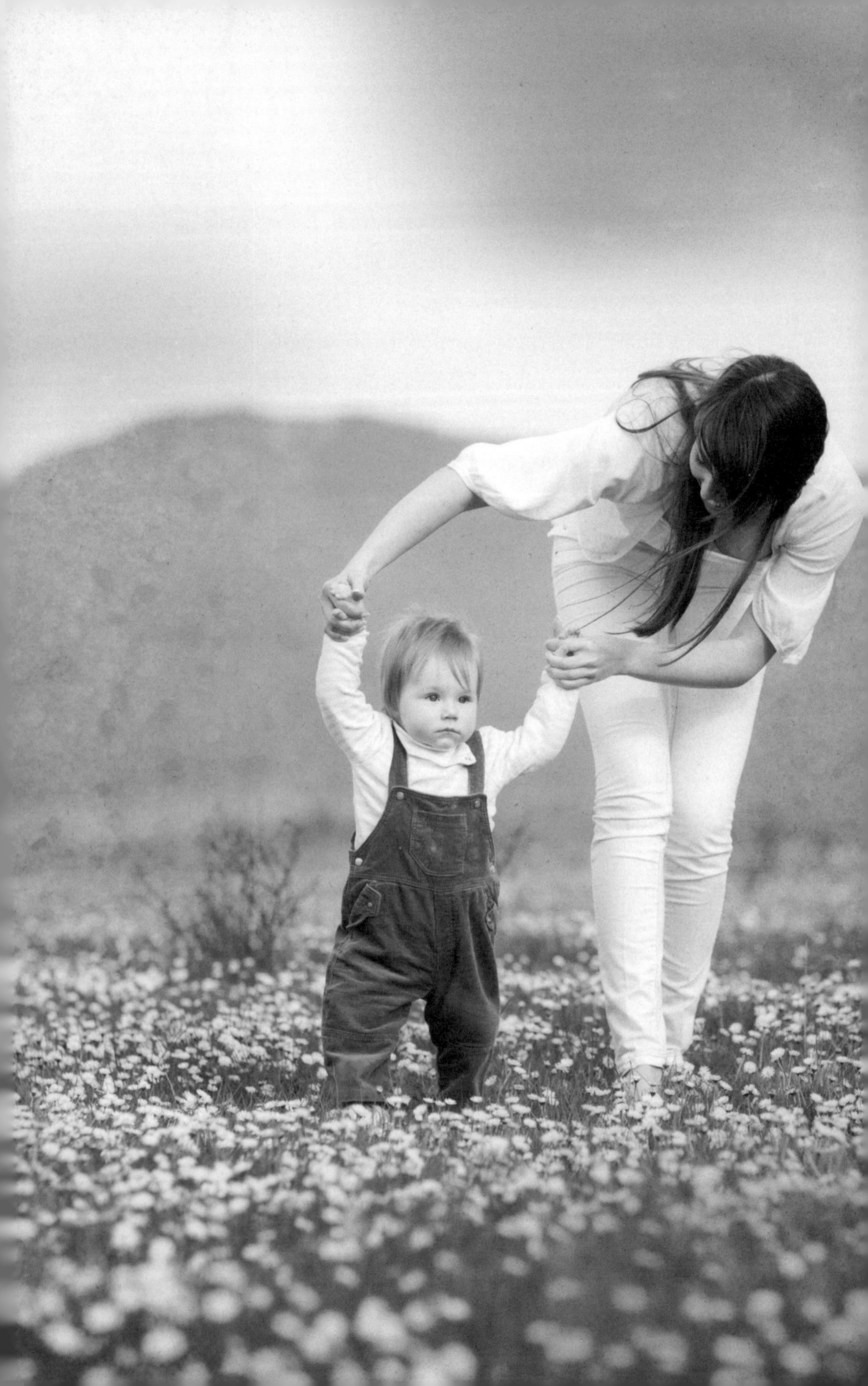

O INSTITUTO
ESCOLA DAS MÃES

No dia seguinte, voltamos a Siena e, lá chegando, não fomos para o mesmo lugar de sempre, que era aquela imensa área do mirante que formava uma gigantesca sacada. Conheci naquele dia outra parte de sua construção, localizada dois andares para baixo, no lado oposto à grande sacada. Naquele ambiente, pude perceber uma área que se assemelhava a um ambiente de almoxarifado de um hospital. Era como uma entrada de serviços, pois eu percebia uma movimentação intensa de pessoas e veículos.

Era um grande entra e sai de pessoas e pequenos veículos voadores, que chegavam e saíam a todo instante, completamente silenciosos e discretos.

Como sempre, eu estava acompanhado e amparado pelo amigo Cristopher. Ao longo desses anos trabalhando com Cris, na função de escriba para o plano físico, aprendi a perceber algumas características nele. Há alguns dias ele está especialmente concentrado e com a face mais envolvida por um sentimento ainda mais superior. Sei que, quando Cris fica desse jeito, é porque ele está se preparando e nos preparando para visitas especiais, das quais temos grande alegria e honra em participar.

Aprendendo a reconhecer essas expressões de Cris, tratei de fazer a minha parte e me concentrar em um sentimento mais elevado para dar a minha contribuição para o que estava por vir.

Foi quando avistei uma senhora trajando vestes de freira, feitas em tecido cru, com detalhes da cor creme. Ela saudou rapidamente Cristopher, pegou em sua mão. Cris rapidamente segurou meu ombro para que nós três estivéssemos em sintonia.

Segundos depois, senti-me como se estivesse na fila de espera de um teleférico do mundo físico. Você fica esperando de pé a chegada do próximo "carrinho" e, quando ele se encosta na parte posterior das suas pernas, você solta o seu corpo sobre o assento para fazer o passeio panorâmico. Foi assim que aconteceu conosco.

Tanto ele quanto a senhora trajada de freira olharam para cima, em uma manifestação de contemplação, e em uma fração de segundo eu senti um leve tranco seguido de uma pressão no corpo. Quando percebi, já estava voando dentro de um pequeno veículo, que deslizava suavemente sobre o ambiente aéreo daquele plano.

Eu estava muito curioso, queria fazer perguntas, queria anotar detalhes, queria ao menos saber o nome da nossa anfitriã e guia daquela jornada. Contudo, antes mesmo de eu me pronunciar, Cristopher lançou uma mensagem mental para mim, avisando-me de que estávamos ali apenas como espectadores e que tal ocasião não permitia que oferecêssemos qualquer influência sobre a atividade que presenciaríamos, até que nos fosse autorizado.

Entendi o recado e tratei de ficar bem quieto e paciente. Decidi relaxar mais e aproveitar a experiência – inédita até o momento – de voar em um veículo desses.

Quase sem sentir o pouso, percebi que chegamos a uma pequena base. Sem entender como, em uma fração de segundo eu já não estava mais dentro daquele veículo voador, mas caminhava pela entrada do recinto.

Era uma construção feita na base de uma grande montanha, em um ambiente serrano que parecia flutuar muito acima do globo terrestre. Na direção norte, podíamos ver duas belas cachoeiras, as quais jorravam águas que mais pareciam luzes líquidas caindo sobre nuvens do céu. Ao sul podíamos ver uma mata fechada, cheia de vida e energia. Entre a mata e as cachoeiras, estava instalada, sobre uma grande rocha plana, aquela base na qual aterrissamos.

Quando ampliei a minha visão para observar do que se tratava, percebi o que dava a impressão de ser um instituto de ensino ou algo parecido. Janelas estreitas, no entanto muito altas, compunham o visual do prédio de três andares. Era uma construção no formato bem quadrado e, no terraço, um grande telhado natural completava a paisagem. Hoje percebo que os paisagistas da Terra que começaram a aderir ao *telhado verde** possivelmente foram inspirados por suas visões obtidas em projeções astrais, em ambientes como este.

O prédio era lindo, tudo estava em pleno funcionamento e em harmonia. Tudo era muito bonito, mas nada em excesso. Era possível sentir um incrível aroma de mato por todo o ambiente, como se uma porção invisível da floresta ao sul estivesse agindo sobre o ambiente.

Caminhando atrás do Cris e da senhora que nos levara até lá, cheguei próximo à entrada do ambiente e assim pude ler: ***Instituto Escola das Mães.***

Naquele momento, a exemplo do que aconteceu comigo na narração da nossa visita à ***Escola Astúria****, na

---

Prática de paisagismo que se caracteriza pelo cultivo de diversas espécies de plantas no telhado de uma construção, conferindo um incrível visual.

Escola espiritual narrada no livro *Os Símbolo de Força – A volta dos iniciados*. Sua identidade principal é de que a busca da evolução espiritual deve acontecer com objetividade e simplicidade.

ocasião da construção do livro **Os Símbolos de Força – A volta dos iniciados*,** eu sofri um curioso processo de expansão da consciência, em que me vi estourar dentro de uma bolha que me envolvia e, num intervalo de tempo muito rápido, eu vi *flashes* de várias das minhas vidas passadas e também outras passagens da humanidade. Uma história se ligava à outra, que se ligava à outra, e assim sucessivamente. Vi centenas de *flashes* de vidas passadas em um piscar de olhos. Com a mesma rapidez que entrei naquele processo, a bolha se estourou e tudo cessou. Cris me viu atordoado, então ele posicionou sua mão direita próxima à minha testa, emanando assim um pouco de energia em minha direção, o que realmente fez com que eu me centrasse novamente.

Entrando no recinto, pela primeira vez, Deodora se pronunciou:

"Bons moços, esta é a nossa escola de preparação de mães. Sejam bem-vindos! Neste instituto treinamos as futuras mães para que compreendam o verdadeiro papel da maternidade, os seus desafios e propósitos. Aqui amadurecemos as virtudes que uma mãe precisa ter para que

---

Símbolos de força – A volta dos iniciados é o livro que compõe o segundo volume da trilogia composta pelos livros Ativações espirituais, Os símbolos de força – A volta dos Iniciados e este livro que você está lendo, O chamado da luz – O amor é para todos.

consiga fazer da maternidade um caminho seguro para o desenvolvimento do amor e para a cura de muitos males.

A maternidade sempre será uma possibilidade sem igual de ação reparadora para toxinas da alma. Somente no papel de mãe o ser humano consegue experimentar algumas das virtudes mais elevadas da alma humana, as quais realizam papéis de profunda profilaxia nas cargas tóxicas armazenadas por conta de desvios de conduta.

Este instituto nasceu na década de 40 e desde então vem empregando esforço e dedicação para treinar futuras mães, que, durante a viagem de suas almas, são orientadas para melhor desempenharem os múltiplos papéis que a maternidade exige."

Depois dessa breve explanação, Deodora silenciou e continuou andando pelo recinto, dessa vez buscando o andar superior. Nós a seguimos.

Lá chegando, entramos em uma das dezenas de salas que ali existiam. Fiquei impressionado, porque aquele lugar parecia um centro de convenções.

Na sala em que entramos, pude ver nitidamente umas quarenta jovens mulheres aparentando entre 20 e 40 anos, que, acomodadas nas cadeiras do recinto, assistiam a um supertelão que exibia instruções sobre aspectos da educação dos filhos.

Ao lado do supertelão, uma mulher se mostrava

como a instrutora. Entramos na ampla sala e por lá ficamos sentados apenas alguns minutos. Eu e Cris nos acomodamos na última fileira, para não sermos notados e para não atrapalharmos os acontecimentos. Já Deodora, com seus passos curtos e rápidos, foi em direção à instrutora do curso. Deodora cumprimentou a mulher, falou rápidas palavras em seu ouvido e voltou em nossa direção.

Nesse intervalo, pude perceber que o telão era muito interessante, pois era construído de um material maleável. Pelo que Cristopher me disse, trata-se de uma espécie de cristal líquido.

Percebi que o conteúdo do supertelão não era apenas exibido em sua superfície, mas ele gerava um efeito de simulador. Por força das propriedades do supertelão, percebi que cada aluna conseguia prever, ou melhor, simular a experiência de ser mãe, com toda a riqueza de detalhes e sensações.

Voltando à observação sobre as alunas, percebi que todas estavam envolvidas em profundos sentimentos de amor e alegria. Percebi que o telão exerce o efeito de transe hipnótico sobre as alunas, pois todas elas estavam engatadas em uma viagem particular no processo de simular a maternidade.

— Incrível! — falei em voz baixa para não atrapalhar o ambiente.

Nesse momento, chegou Deodora, como sempre séria, concentrada e muito objetiva em sua expressão, e disse:

— Essa é uma ótima forma de sensibilizar as mães sobre a arte da maternidade. Nesse simulador, todas as futuras mamães são envolvidas pelos mais puros e sinceros sentimentos característicos da tarefa de ser mãe. Os apegos, os medos, as carências, as inseguranças e as incertezas são também explorados de forma que as alunas tenham mais força para seu enfrentamento.

— Estou muito impressionado! — respondi com o olhar envolvido por um sentimento de respeito à Deodora e ao trabalho daquela sala do *Instituto Escola das Mães*.

— Entendo a sua admiração e surpresa, pois realmente trata-se de uma tarefa muito importante na construção de valores profundos na alma da mãe. Mas tenho certeza de que você ficará ainda mais surpreso ao conhecer as atividades da próxima sala que conheceremos.

Após o comentário, Deodora já se levantou e, com seus passos curtos e rápidos, deixou aquela sala de aula. Fomos todos atrás dela. Seguindo o seu caminho, chegamos à outra sala. Neste ambiente, diferentemente da aula anterior, pudemos perceber aproximadamente dez alunas.

Cada aluna estava inclinada sobre uma espécie de poltrona regulável. Todas tinham também uma espécie de fita metálica envolvendo a região da testa. Além disso, pude perceber que cada aluna era assistida por uma instrutora. Comecei a entender que o processo de aprendizado era mais específico, mais delicado e complexo. Em outras palavras, tratava-se de um nível mais avançado do curso.

Dessa vez, Deodora não foi conversar com nenhuma das instrutoras, pois, pelo que entendi, ninguém podia interferir no processo. Um grande vidro separava o ambiente no qual estávamos do ambiente das poltronas.

Nas atmosferas de energias superiores do plano espiritual, é curioso dizer, mas quase todas as suas perguntas são respondidas automaticamente. Não sei dizer ao certo se os próprios amparadores espirituais Cris e Deodora captam minhas perguntas e já as respondem telepaticamente ou se na verdade acabamos lendo as informações etéricas do ambiente, que são carregadas com os acontecimentos locais. Uma coisa é certa: as respostas surgem em sua mente!

Dessa forma, percebi muito rapidamente que as mães estavam tendo um contato íntimo com a personalidade dos espíritos que iriam encarnar como seus filhos na vida física. Nessa experiência incrível, elas tomavam conhecimento dos desafios que enfrentariam para contornar as dificuldades que as inferioridades emocionais dos seus futuros filhos poderão provocar.

— Neste treinamento, as mães entram em contato íntimo com as fraquezas emocionais que seus futuros filhos terão, e assim são orientadas pelas instrutoras sobre como desenvolver habilidades para vencer esses desafios — explicou Deodora.

— Incrível, incrível! — comentei, admirado e agradecido pela oportunidade única de conhecer um trabalho tão relevante. Eu também estava muito agradecido pela permissão de Deodora e pelo costumeiro amparo de Cris para promover o meu ingresso naquela região.

Enquanto expressava meus sentimentos, Deodora mais uma vez levantou-se da cadeira e rapidamente deixou a sala de aula. Mais uma vez seguimos a nossa guia, que desta vez nos conduziu a uma pequena sala de reuniões.

Quando nos acomodamos e sentamos nas cadeiras que compunham uma mesa de reuniões, percebi que Deodora queria nos instruir mais detalhadamente sobre as atividades do Instituto Escola das Mães.

Antes mesmo de eu me acomodar perfeitamente, ela já começou explicando.

— *O chamado da luz* é o momento atual em que vivemos. Trata-se de um período que tem a tarefa de estimular o clareamento da consciência humana. Tudo isso resulta na formação de uma força-tarefa organizada pelo Grande Espírito Criador, empenhada em estimular o despertar da humanidade para valores espirituais.

Nosso instituto contribui neste sentido, ajudando as futuras mães e nutrindo nelas as virtudes do espírito. A maior parte das mulheres que recebemos para treinamentos diários está contaminada pelas cobranças impostas pelas sociedades humanas, que distorcem plenamente o papel essencial da mulher. Infelizmente, como essas guardam espaços de "vazios conscienciais", facilmente desenvolvem ressonância com os erros de conduta dessa sociedade materialista. Dessa forma, nas primeiras aulas das futuras mamães, encontramos espíritos completamente atordoados pela influência da vaidade e da futilidade excessiva. Além disso, pouquíssimas alunas apresentam qualquer ligação com a força maior a qual chamamos de Deus.

Neste cenário, observamos a importância dos mensageiros de luz, que são os espíritos responsáveis por fazer o translado das almas projetadas das nossas irmãs encarnadas que aqui se preparam para o sacerdócio da maternidade — concluiu Deodora.

— Agora eu entendo a ligação entre a nossa visita ao Instituto Escola das Mães e o trabalho de Siena. É porque, sem os mensageiros, as futuras mamães não podem chegar até aqui, é isso?

Após a minha pergunta, Cris e Deodora se olharam, sorriram e ficaram em breve silêncio para que eu pudesse organizar minhas percepções e pensamentos.

— Sim, o trabalho dos mensageiros é essencial para os planos do Grande Espírito Criador — desta vez foi Cristopher quem respondeu.

— Podemos dizer que os mensageiros são os taxistas do plano espiritual? — perguntei imediatamente.

— Dá para dizer que sim — respondeu Deodora, com a face mais descontraída desta vez.

Naquele momento, percebi com uma noção mais ampla o papel dos mensageiros de luz, que são os espíritos encarregados de conduzir a alma dos encarnados, projetada para fora do corpo físico durante o período do sono. Também compreendi novamente – intuído pelo amigo Cris ou talvez apenas captando a informação que gravitava no ambiente – que, neste período denominado *o chamado da luz*, podemos dizer que o trabalho dos mensageiros está mais intenso. Em outras palavras, estamos sofrendo intenso assédio da luz, recebendo diariamente estímulos de despertar para as verdades espirituais.

Antes mesmo de concluir meus pensamentos, Cris me olhou e com a cabeça fez sinal de afirmativo em relação ao conteúdo da minha reflexão. E Deodora começou a falar:

— A humanidade tem um longo caminho a percorrer no rumo do amadurecimento da personalidade. Eu mesma, quando encarnada, provei muitos desprazeres e muitos conflitos emocionais que só me fizeram crescer como alma. Pela via da dor, a maioria das vezes o espírito humano destila suas impurezas e refina sua personalidade, mas isso leva tempo, porque necessita de que cada ser tenha as suas próprias experiências, que forjarão as mudanças benéficas. Foi assim que a minha alma cresceu com minhas experiências terrenas e é assim que a maioria das almas se desenvolve também.

— Entendo, mas por que você inclui este fato no contexto desta explicação? — agora fui eu quem perguntou, já intrigado pelo tom da explicação de Deodora.

— Apenas pelo fato de que, na maioria das vezes, quando os mensageiros vão até os ambientes onde as pessoas repousam, para conduzi-las aos aprendizados espirituais, nesta ou em inúmeras outras escolas extrafísicas, elas apresentam condições energéticas precárias, que impossibilitam o ingresso nas atmosferas espirituais. Quero dizer que, na maioria dos casos, os encarnados não podem ser conduzidos às escolas espirituais por conta da precariedade mental e emocional na qual se encontram. Poucos preservam um estilo de vida que promova no espírito o equilíbrio necessário para que as viagens da alma ocorram satisfatoriamente. Já um número ainda menor mantém o hábito de se harmonizar mental, emocional e espiritualmente antes do sono do corpo físico, o que é uma condição essencial para o encarnado que quer desfrutar do inigualável benefício oferecido pelas escolas do plano espiritual.

— Além dessas influências, o que mais atrapalha o ingresso dos encarnados nas escolas espirituais? — perguntei ainda mais curioso do que antes.

— Influências espirituais! — respondeu Deodora sem pestanejar. E ainda concluiu:

— Grande parte dos encarnados está sendo manipulada por forças opostas ao amor maior do Grande Criador. Muitos nem imaginam que, por conta de seus descasos conscienciais, imediatamente após ingressarem no sono físico já emprestam a alma prestando serviço às entidades sombrias, empenhadas nas tarefas mais mesquinhas, maléficas e bizarras. Da mesma forma que os seres de luz assediam os encarnados para que possam ingressar em estudos de elevação da alma, os mestres das sombras também os assediam na tentativa de escravizá-los nas tarefas mais diversas do astral inferior.

Em muitos casos, também, nós nos deparamos com verdadeiros exércitos de espíritos assediando aquele encarnado, empenhados em exercer vingança – por inúmeros motivos – contra aquele que acorda no plano espiritual. Outra situação muito comum é a dos encarnados viciados nos mais diversos prazeres da carne e, quando projetados para o plano espiritual, imediatamente procuram os mesmos ambientes, a fim de continuar alimentando seus desejos insaciáveis.

Neste universo de tantos erros e distorções, um grupo muito pequeno de encarnados realmente aproveita os efeitos magnânimos das escolas espirituais. Mesmo assim, uma coisa é certa: aquele que se dedica a oferecer condições para que sua alma desperte harmoniosamente na dimensão espiritual no período do sono encontra condições diferenciadas de evolução da consciência e cura, tanto nos aspectos sutis quanto na vida física.

— Então, mesmo que estejamos vivendo um período favorável no despertar das consciências denominado ***o chamado da luz***, ainda sim a eficiência desde movimento será quase nula? Estou certo ou estou sendo pessimista?

— Não se assuste, pois ninguém consegue viver somente da ilusão sem ser magneticamente convocado para pensar a sua vida sob a ótica da evolução da consciência. Esta é uma lei natural que sempre aproxima a alma na direção da sua evolução, entretanto sempre será escolha de cada um evoluir pelo amor ou pela dor. É neste cenário que o processamento da evolução humana acontece. Pode ficar otimista sim, pois essa pedagogia divina é muito eficiente. Além do mais, eu mesma posso afirmar que funcionou perfeitamente para mim na minha última existência terrena. Posso lhes dizer honestamente que **só aprendi a rezar quando me tornei mãe** – concluiu Deodora, com emoção na voz.

Nesse momento, Deodora calou-se e esperou que Cris conversasse um pouco comigo. Percebi que algum evento especial estava por vir, mas não fiquei tenso, pois o ambiente em que estava era muito amoroso, bem como a confiança que tenho no amigo Cris é total.

Foi então que Cristopher começou a me explicar:

— O principal evento desta narrativa virá a seguir, pois Deodora é hoje a dedicada coordenadora do **Instituto Escola das Mães,** mas nem sempre foi assim. Segundo ela, a sua última encarnação forjou qualidades incríveis em sua personalidade, e por isso Deodora nos concedeu a honra de narrarmos sua história neste livro. Quero que você se concentre um pouco mais, pois ela vai tocar a sua testa e com isso você assistirá a toda a experiência que você precisa narrar. Não julgue, não pense, não faça perguntas e não se envolva na história. Apenas observe tudo atentamente.

— Sim, pode contar comigo. É uma grande honra. Obrigado, Deodora, obrigado! Estou pronto.

Logo depois de meu aviso, Deodora respirou fundo, friccionou as mãos uma na outra e depois tocou apenas com a direita em minha testa.

Transcreverei a seguir a história de Deodora, que tive a oportunidade de conhecer naquele fenômeno possível apenas em atmosferas extrafísicas de elevada moral.

"Sempre fui uma moça muito bonita. Para falar a verdade, desde muito pequena já me destacava por minha beleza física. De cabelos levemente ruivos, olhos esverdeados e sorriso fácil, chamava atenção por onde eu passava. A beleza que meu corpo possuía me fez muito bem em toda a minha infância e adolescência e tudo corria em harmonia na minha vida.

Nascida em berço de ouro, nunca tive que me preocupar com questões normais da maioria das pessoas, como ter que trabalhar para me sustentar, bem como jamais encontrei qualquer limitação para fazer o que eu quisesse, pois a abundância de recursos era muito grande.

Meus pais sempre foram muito amorosos, entretanto rígidos. Mamãe engravidou de mim já próxima aos quarenta anos – portanto, quando completei doze anos meus pais já tinham certa idade, em especial o meu pai, que, bem mais velho que minha mãe, apresentava a aparência de um idoso.

Já na fase adulta, momentos de *glamour* e fascínio habitaram a minha consciência. O padrão elevado de beleza que eu apresentava me intoxicou e assim me tornei cada dia mais vaidosa.

Meus pais percebiam a minha mudança, mas não me cobravam nada, apenas que eu estudasse e que mantivesse o estilo de conduta social rígida que eles haviam me ensinado. Mas isso era impossível. Eu viva no Rio de Janeiro, em um período muito movimentado por festas, bailes de gala e muitos eventos para os quais eu era convidada. Por ser filha de um diplomata aposentado, sempre convivi com a nata da sociedade carioca, sempre participando de eventos de luxo, nos quais o que importava mesmo eram o *status* social e a beleza física. Era nesse ambiente que eu triunfava absoluta, pois, além de ser de família importante, me destacava cada vez mais por minha beleza física.

Eu não tinha nenhum outro estímulo de nenhuma outra natureza senão o de apenas me tornar sempre mais bela. Eu estudava, assim como os meus pais me pediam, mas apenas por obrigação. Não tinha nenhum interesse por nada que eu aprendia. Também não tinha nenhuma outra ambição, apenas queria viver para me sentir cada vez mais linda e mais admirada.

Numa noite de sábado, encontrei, em um dos bailes, um homem que me encantou, mais precisamente ele me enfeitiçou. Depois daquele dia, eu fiquei completamente envolvida pela paixão que sentia. Não conseguia mais dormir direito, não conseguia estudar, nem mesmo me alimentava direito. Ele era um oficial da Marinha, 16 anos mais velho que eu, e o seu charme foi suficiente para que eu me rendesse a ele. Tivemos nossa primeira relação sexual em um luxuoso hotel que sediava um incrível baile de gala. Já no final da noite, ele me levou ao seu quarto, e ali me entreguei a ele, cega de amor e desejo.

Tive uma noite de amor maravilhosa. Eu estava apaixonada, então era tudo o que eu queria. Mas os tempos em que vivíamos não me permitiam jamais deixar que alguém soubesse do ocorrido, então guardei aquele segredo para mim.

Durante os próximos dias, não conseguia mais encontrar meu amado. De tanto procurar, fiquei sabendo que ele estava a serviço da marinha e que voltaria apenas em quinze dias.

Esperei por aquele tempo, que mais parecia um ano, enfeitiçada de paixão e completamente atormentada pelos pensamentos que já me envolviam: "Será que ele não me quer mais? Será que ele me abandonou? Ele não voltará"?

O curioso de tudo isso é que em nenhum momento da minha vida eu tinha me dirigido a Deus em meus pensamentos. Nunca me importei com a espiritualidade das coisas e das pessoas, não por ser descrente, mas apenas por ignorar, já que nunca fui educada para isso, pois meus pais, embora sempre fossem muito bons comigo, eram ateus, portanto nunca tive um ensinamento religioso.

Os pensamentos me castigavam, pois me sentia abandonada e apaixonada ao mesmo tempo. Também não estava preocupada com a desonra que seria para a época eu ter me entregado sexualmente a um homem que não fosse o meu marido. Apenas sofria com as saudades e as incertezas.

Vinte dias se passaram e eu, ansiosa, aguardava o próximo baile com a esperança de encontrá-lo. Eram momentos de limitações quanto à comunicação, comparando com os dias atuais, em que celulares e internet diminuem as barreiras e as distâncias entre as pessoas. Posso dizer que tínhamos um "mundo" que nos separava, pois não sabia como encontrá-lo, não sabia o seu endereço, mas também, como uma moça de comportamento exemplar para a época, não deveria procurá-lo, pois não era 'correto'.

O fatídico baile chegou. Eu me preparei como nunca, estava mais bela do que jamais estive. Entretanto, dentro de mim existia um vulcão de dúvidas, medo e saudades, prestes a explodir.

Mal a festa começou e pude avistá-lo passando elegantemente pelo ambiente principal do baile. Para minha surpresa e desespero, ele estava acompanhado por uma elegante senhora.

Fiquei completamente atônita, sem expressão, sem reação, pois parecia que o mundo havia parado para mim naquela hora. Sem qualquer postura ou polidez, simplesmente deslizei no sofá e lá fiquei sentada, imóvel, por um tempo que não sei dizer o quanto foi.

Quando recobrei minha consciência, fiz de tudo para segurar o choro. Tentei ser forte e entender o que tinha acontecido, mas não demorou até que eu compreendesse a situação. Aquele oficial da Marinha, ao qual eu me "entreguei", era casado!

O que fazer? O que fazer? Eu não sabia. Estava triste, desolada, tentando achar uma forma de virar aquela página e seguir em frente em minha vida. Sabia que podia me curar daquela doença da paixão. Além disso, eu não tinha contado nada a ninguém.

Alguns dias depois do baile, já comecei a me reanimar. Meu orgulho, minha dignidade e meu coração estavam feridos, mas eu ia me recuperando. Sabia que podia melhorar, sabia que podia me refazer até descobrir algo que mudou toda a minha vida e fez uma revolução em tudo ao meu redor: eu estava grávida.

Meu desespero foi completo, porque agora o problema era irremediável. Não podia contar aos meus pais, pois a disciplina rígida na qual eu fui criada não me dava nenhuma alternativa de diálogo com eles. Também não podia recorrer ao pai da criança, pois ele era casado, ele me enganou e certamente não iria querer me receber, tampouco me reconhecer com sua esposa ou se considerar pai do meu bebê.

Pensei em suicídio, pensei em aborto, pensei nas piores possibilidades. Suicídio eu não tinha coragem, pois era muito vaidosa e egocêntrica para tal, e o aborto era muito arriscado, pois, se qualquer pessoa soubesse, eu estaria arruinada. Toda a sociedade conhecia meu pai; portanto, ao menor descuido, ele ficaria sabendo da minha gravidez, e com isso exigiria conversar com o pai da criança.

Foi então que decidi por um caminho que me transformou completamente: eu fugiria de casa! Era a única maneira de resolver a situação. Foi o que fiz.

Antes de deixar a minha casa, fiz de tudo para juntar o máximo de dinheiro que podia, pois não tinha planos, não sabia o que fazer, estava transtornada. Meu sorriso fácil e cativante já não surgia mais como antes. Meus belos cabelos estavam sem brilho, mal cuidados, mal escovados. Não mais usava maquiagem e já quase não me olhava no espelho. Eu estava realmente muito mal.

Deixei uma carta na qual eu expliquei a história toda para meus pais. Pedi desculpas, agradeci por tudo e, com lágrimas nos olhos, eu me despedi.

E assim eu parti em busca de uma saída, a qual eu nem imaginava como seria.

Andei, andei, andei muito. De um lado a outro, de uma cidade a outra, sem saber o que fazer. Conheci muitas pessoas, conheci a vida como ela era realmente, a fome, a miséria, a dor e a tristeza das pessoas.

Nos primeiros dias, ficava em pequenos hotéis, mas, quando meu dinheiro foi acabando, tive que economizar para não ficar na rua.

Em uma cidade a 200 quilômetros de distância do Rio de Janeiro, arrumei um emprego na cozinha de um pequeno restaurante. Eu lavava louças e ajudava a cozinheira, que era a própria dona do estabelecimento. No começo eu não levava muito jeito para o trabalho, afinal jamais tinha precisado trabalhar antes, entretanto o tempo me ensinou e me tornei muito útil para a cozinheira e também muito eficiente em meu trabalho.

Minha patroa era uma pessoa muito generosa, e assim ela me permitia residir em um pequeno quarto no fundo do restaurante.

O tempo foi passando e o inevitável aconteceu: minha barriga foi crescendo e as pessoas começavam a fazer perguntas sobre quem era o pai e coisas do gênero.

Minha patroa me deu toda a atenção de que eu precisava, mas ela era carente de recursos que uma gestação e a chegada de um filho requeriam. Ela também era uma pessoa muito sozinha, pois, depois que se tornou viúva e os filhos se casaram, não havia mais ninguém por perto para auxiliá-la.

Minha barriga já estava muito grande, e em uma quinta-feira à noite o bebê quis nascer. Minha patroa logo chamou uma parteira, que sem demora veio até o meu quarto trazer ao mundo Isabeli, minha pequena menina.

Naquela noite, a amargura do meu sofrimento, a tristeza dos meus dias, a agonia do momento da partida de meu antigo lar deram espaço para um sentimento de amor sem igual. Quando vi minha pequena Isabeli pela primeira vez, senti como se um sol tivesse aparecido em minha vida. O meu sorriso surgiu fácil de novo em meus lábios. Eu renasci.

Para conseguir criar minha menina, encontrei ajuda em um orfanato coordenado por duas freiras. Elas eram chamadas de "As filhas de Maria".

As filhas de Maria nos receberam e nos deram o amparo de que precisávamos e, pela primeira vez em minha vida, senti um sentimento tão puro de solidariedade que minha visão sobre o mundo mudou mais um pouco.

Eu continuava trabalhando no restaurante, mas a pequena Isabeli era cuidada pelas generosas freiras. Nesse convívio com as filhas de Maria, tive contato com o meu primeiro e único ensinamento religioso daquela encarnação. Meu coração se lapidava a cada dia, pela força do amor que nutria por Isabeli e pelo carinho e ensinamentos das filhas de Maria.

Aos pouquinhos, as feridas de minha alma começavam a cicatrizar. Não queria mais saber de talvez um dia me casar, e, mesmo me sentindo muito culpada em relação ao que fiz com os meus pais, não queria voltar no tempo, queria esquecer o meu passado e a minha vida de filha de diplomata.

Era curioso, mas, mesmo nos momentos de dor, de sofrimento e de carência de recursos, eu jamais senti tristeza por ter abandonado a vida de luxo que eu levava, pois, embora as condições que eu tinha me favorecessem muito, naquele momento eu podia perceber o quanto eram dias vazios, sem sentido e sem amor.

E assim os dias foram se passando, eu fui me tornando mais humana, fui aprendendo sobre Deus, sobre o amor, sobre a caridade. Fui me transformando aos poucos. Até que, por volta dos seus cinco anos, Isabeli começou a ficar doente.

Quando Isabeli adoeceu, meu coração entendeu pela primeira vez a força da oração, já que, por intermédio da dor que eu sentia, consegui me conectar com a força divina pela primeira vez em minha existência. Eu sofria pela doença grave de minha pequena criança, mas ao mesmo tempo o calor provocado pelas emoções perturbadas de minha alma se arrefecia com o efeito balsâmico provocado por uma oração devotada.

Aprendi a rezar somente quando me tornei mãe!

E o que pode parecer mais contraditório também foi o acontecimento mais importante dessa encarnação: quando senti a maior dor de minha alma, foi também quando senti a maior presença espiritual de minha vida.

Nos últimos minutos de vida da pequena enferma, enquanto eu chorava e rezava, minha alma foi transportada para uma pequena Igreja, onde aquele que chamavam de Jesus estava me esperando, segurando fraternamente Isabeli pelo seu braço direito.

Naquela experiência sobrenatural, Jesus me disse que Isabeli era um mensageiro de Deus enviado para clarear a minha consciência e iluminar meu coração, e que já era chegada a hora de ele voltar.

Isabeli, agora de mãos dadas com Jesus, veio correndo em minha direção, com toda a doçura, amor e consciência de uma criança de cinco anos, e me disse: "Obrigada, mamãe, agora eu vou ficar com Jesus". Ela também me abraçou e me beijou amorosamente antes de partir, segurando em uma mão a mão de Jesus e em outra mão uma pequena boneca de pano.

Eu voltei daquela experiência espiritual e tomei consciência do meu corpo novamente, ainda ali ao lado de Isabeli, mas tinha entendido tudo, estava confortada, estava estranhamente feliz.

Rezei com mais fé e devoção ainda e disse:

— Vai, minha querida filha, vai, mensageiro de Deus que curou a minha vida. Muito obrigada pelo que você fez comigo, muito obrigada por me ensinar a rezar.

Depois de alguns segundos, o corpo daquele ser angelical que se pronunciou como mensageiro divino morreu, mas a sua alma seguiu amparada pelo mestre Jesus.

Eu tive a maior transformação de minha vida. Eu não sofria mais, apenas sentia saudades, pois minha consciência se iluminou.

Por conta de toda essa transformação à qual fui submetida, o sentido de minha vida mudou. Passei a integrar a equipe das filhas de Maria e dediquei todo o resto de minha encarnação a ajudar mães em sofrimento e crianças carentes, bem como me dediquei com especial atenção a ensinar sobre o poder da oração e os seus benefícios para o corpo e para a alma.

Desencarnei logo após completar setenta e três anos e descobri que, no plano espiritual, posso continuar o mesmo trabalho, ainda com mais recursos e com mais vontade e dedicação.

Foi aqui também na dimensão espiritual que pude me encontrar com meus antigos pais da vida física e me harmonizar com eles.

Hoje, em minha atual condição no plano espiritual, dedico-me a ajudar nas correntes espirituais de socorro as mulheres em desespero e a contribuir com o despertar dos valores espirituais para aquelas que ainda estão mergulhadas na futilidade e na vaidade. Tenho a missão de contribuir para que as mulheres saibam que não há nada mais belo do que seus corações incendiados pelo puro amor.

Agradeço pela abençoada oportunidade de aqui me expressar e contar a minha história de amor e redenção.

Eu sou Deodora, aquela que só aprendeu a rezar quando se tornou mãe."

Tive muita dificuldade em voltar ao ambiente daquela sala de reuniões no **Instituto Escola das Mães**. Senti como se estivesse entorpecido por alguma droga, bem como eu estava muito, mas muito sensibilizado mesmo.

Agradeci a Deodora, pois a redenção que ela teve ficou ressonando em minha alma, mas, mesmo assim, não estava muito lúcido, obviamente ainda me sentido afetado pela força da história que conheci.

— Desculpem, amigos, desculpem, não consigo fazer mais nada. Não me sinto mal, não estou triste, mas parece que tudo dentro de mim está mexido.

As últimas imagens que gravei foram as de Cris e Deodora se aproximando com uma espécie de maca flutuante. Comecei a perder a lucidez e fui suavemente me entregando a um pranto de emoção e respeito. Deodora e Cris, entendendo a minha condição de encarnado, perceberam que eu perdi a lucidez e que não teria mais como lhes ser útil na tarefa de escriba, ao menos para aquela ocasião específica.

Com "todo o carinho do mundo", ouvi os amparadores dizendo amorosamente:

— Descanse, menino, descanse. Está muito bom por hoje.

Perdendo o pouco de lucidez que me restava, eu ainda tive tempo para dizer:

— Obrigado...

AS NOVE TAREFAS DE SIENA

Voltando a Siena em ocasião seguinte à narrativa de Deodora, fomos novamente recebidos por Adolfo. Posso dizer que esse pessoal sabe de tudo o que acontece; então, mesmo antes de comentar qualquer coisa sobre a experiência que vivemos no Instituto Escola das Mães, Adolfo já foi logo dizendo.

— Oi, Bruno, você gostou da experiência no Instituto Escola das Mães?

Sorrindo e olhando para o Cristopher ao mesmo tempo, eu respondi:

— Se eu gostei? Ufa... Que história, hein?

Acho que na próxima narrativa vou ter que me preparar melhor, pois essa foi muito forte — falei com humor e respeito nas palavras, demonstrando ao Cris todo o meu carinho e agradecimento pela bênção de narrar a história de Deodora.

Eu ainda estava afetado, para ser sincero, e, utilizando palavras completamente coloquiais na Terra, eu estava lesado mesmo, quase dopado ainda pela experiência vivida na noite anterior.

Cris e Adolfo riram de mim, pois quase sempre sou muito ansioso e apressado em ir logo fazendo perguntas, quase compulsivamente, mas, naquela ocasião, pelo efeito provocado pela história de Deodora, eu estava praticamente sedado.

Adolfo é um ser muitíssimo amoroso e paciente e, para ser sincero, tenho que ficar brigando com os meus próprios pensamentos, porque quase sempre eu deixo escapar uma sensação de que não sou merecedor de habitar, mesmo que por um período curto e na função de repórter, o ambiente espiritual de Siena.

Locais como Siena podem ser considerados a visão do próprio céu dos católicos.

Quando minha percepção foi ficando mais aguçada, aquela sensação de que eu estava sedado foi passando e dando lugar a um senso de lucidez muito maior. Então, naturalmente, as minhas perguntas começaram a surgir.

Antes de eu fazer a primeira pergunta, antes mesmo de eu falar, Cris e Adolfo já começaram a rir... Então Adolfo disse:

— O "velho" menino está de volta com a suas perguntas, certo?

Todos riram em um sentimento de descontração delicioso.

Tentando segurar os risos excessivos, eu disse:

— Sim, sim, já estou compulsivo outra vez!

— Então vamos em frente — disse Cris, já querendo dar outro rumo à conversa.

Nesse exato momento, pude perceber que uma das enormes torres que formavam a arquitetura de Siena teve uma mudança incrível em sua cor. O material que compunha a construção, que antes parecia feita de tijolos de uma bonita cerâmica de cor bege bem claro, assumiu a coloração verde, levemente fluorescente. E não era só o verde que me chamava a atenção, mas a aura que a coloração oferecia. Aquela torre parecia ter vida.

Quando olhei mais atentamente, percebi que, no alto da enorme torre, vibrações incríveis eram visíveis, dando a ideia de que uma força superior estava emanando energias específicas para Siena.

Era um fenômeno lindo de se ver, forças de altíssima vibração cintilavam no céu de Siena, e, na região do topo daquela torre, concentrava-se um forte vórtice de energia levemente verde.

— Meu Deus, que coisa linda! — eu disse, extasiado. Cris então falou:

— A relação da alma com forças de expressões mais sublimes e sutis é uma constante. A cada estágio da evolução humana, sempre encontramos forças ainda superiores à condição atual, e assim sucessivamente.

Por sequência vibrátil, ou seja, respeitando a hierarquia cósmica, cada céu tem, acima de si, outro céu, que obedece a alguns padrões básicos, mas se reconfigura em uma nova escala de nível sutil. Consequentemente, o que representa o céu dos encarnados, ou mesmo o plano espiritual, é na verdade um plano denso para os que habitam tal dimensão. Obviamente, os habitantes do plano espiritual têm como relação o plano sutil ou céu um plano mais sutil ainda.

O que você vê nesse fenômeno de cores e bênçãos é a ação do alto agindo para benefício de Siena e os trabalhos que aqui são realizados.

Sempre haverá uma dimensão superior, logo mais sutil, de qualquer nível em que a alma se encontrar. Assim é a hierarquia do Grande Espírito Criador.

— Incrível! — mais uma vez eu exclamei, admirado.

Então Adolfo complementou:

— Aqui em Siena temos muitas tarefas, entretanto todas elas devem ser alinhadas com a vontade maior. Para que isso aconteça, temos as nossas constantes práticas, que facilitam o reconhecimento do que deve ou não deve ser realizado.

— Então quer dizer que vocês também têm dificuldades ou dúvidas de como realizar as suas missões pessoais e coletivas?

— São desafios diferentes dos encontrados no plano físico pelos encarnados, mas temos, sim. Além disso, temos um entendimento, em um contexto mais amplo, da importância em manter o foco na espiritualidade maior.

Nesse momento percebi que a amplitude do trabalho de locais como Siena é realmente incalculável e indecifrável para encarnados. Chegou um momento naquela conversa em que percebi que não adiantava mais eu fazer perguntas sobre esses processos naturais da existência de Siena, pois eu não teria conhecimento suficiente para entendê-los. Foi quando intuí que eu deveria dar outro rumo à conversa.

— De forma prática e de acordo com o nível de consciência dos encarnados, você poderia me explicar basicamente quais são as principais tarefas de Siena?

— Sim, claro — respondeu Adolfo. —

Basicamente temos nove tarefas no que tange ao amparo aos encarnados. São elas:

1 - Amparar encarnados, através dos mensageiros, para estudos em escolas extrafísicas específicas;

2 - Irradiar energias que estimulem o despertar para valores espirituais;

3 - Ajudar a humanidade na superação de vícios (álcool, drogas, sexo, fumo, alimentação inadequada), pois esses

criam verdadeiros escudos nas auras humanas, o que os impede de receber mais bênçãos do plano espiritual;

4 - Inspirar o surgimento de novas tecnologias que ajudem a humanidade a evoluir em todas as áreas da vida física;

5 - Inspirar a humanidade sobre a importância do preparo do sono, facilitando assim o ingresso de suas almas projetadas nas escolas espirituais;

6 - Estimular a humanidade na conscientização de que o Amor Maior é para todos e que o Grande Espírito Criador não se importa tanto com os erros do passado, mas com as atitudes do presente;

7 - Inspirar caminhos para a solução de problemas, o que acontece basicamente na forma de sincronicidades na vida das pessoas.

8 - Estimular a consciência da razão de viver, que é o despertar da missão da alma;

9 - Tutelar os *virtuosos** para que realizem suas missões, pois elas sempre afetam grande quantidade de pessoas.

Depois que Adolfo terminou de explanar as nove principais tarefas de Siena, fiquei durante alguns segundos sem palavras, tamanha a minha admiração.

Depois dessa pausa breve, eu perguntei:

É uma energia especial acumulada que guarda consigo a força de um sucesso encarnatório. É considerado um virtuoso aquele que tem um ou mais símbolos de força em sua alma.

— Então é por isso que você aparece na história de *Renato**, narrada no livro ***Os símbolos de força – A volta dos iniciados****, para alertá-lo sobre seus erros?

— Sim. Um virtuoso é um espírito carregado de potencialidades capazes de fazer contribuições expressivas para a construção de um mundo melhor, portanto nós concentramos esforços nesse sentido.

Nesse momento percebi que Cristopher expressou um leve sorriso, enquanto Adolfo me explicava. Comecei a rir também, pois só agora estava entendendo a ligação de Adolfo com a história do virtuoso Renato, narrado no livro *Os símbolos de força – A volta dos iniciados*. Talvez Cris estivesse rindo pela lentidão de meu raciocínio ou por outro motivo qualquer que eu não estava entendendo.

Desisti de tentar adivinhar o motivo pelo qual Cris ria, e então logo me lembrei de perguntar sobre algo que há alguns dias já estava me intrigando.

— O que vocês me dizem sobre as Crianças da Nova Era?

Dessa vez foi Cris quem quis explicar.

— Vê-se um fruto pela árvore... Crianças são espíritos em corpos de crianças, e espíritos, entre diversas pro-

---

No livro *Símbolos de força – A volta dos iniciados*, é narrada a história de Renato, um espírito virtuoso encarnado que passa por grandes desafios até que seu potencial comece a ser desenvolvido a serviço de sua harmonia pessoal e do bem maior.

priedades e características, apresentam uma em especial: o nível de evolução.

Mesmo assim, uma alma que volta ao mundo não poderá ser classificada neste ou naquele nível até que sua encarnação seja finalizada, pois é a obra que determina o seu sucesso e as suas virtudes.

Crianças da Nova Era são espíritos sempre dotados de muita energia de movimento e também potencializados por forças latentes envolvidas de grandes criatividades. Todavia, só poderão ser consideradas especiais se a sua capacidade de amar e de mudar o mundo para melhor for concretizada. Este tema transita em meio aos encarnados envolvidos com grandes equívocos, pois de nada adianta uma criança ser classificada com uma Criança da Nova Era se os seus erros continuarem sendo os mesmos do passado.

Crianças da Nova Era devem ter força para impregnar o mundo com as virtudes da Nova Era. Se conseguirem realizar essa missão, então terão o direito ao título, do contrário são apenas promessas.

A atmosfera da vida física é propensa aos vícios, aos erros, ao esquecimento da essência espiritual. Em outras palavras, não há maior desafio do que o de viver na carne sem se esquecer do espírito e de sua missão.

Existem espíritos com maior e outros com menor sintonia no amor. Existem espíritos com maior ou com menor sucesso em suas experiências encarnatórias. É isso que realmente conta e é isso o que realmente importa.

— Incrível! — comentei quase exaltado por conta da explicação de Cris.

— E quanto às religiões? Vocês podem me explicar melhor algo que tenho notado nas experiências pelos ambientes extrafísicos?

— Sim, claro — respondeu Adolfo.

— É que, por onde eu tenho ido, não tenho sentido nenhuma tendência a uma ou outra religião. Não consigo perceber se um lugar é mais ligado a uma religião ou a outra. Como eu poderia entender isso?

Então Adolfo continuou:

— A religião é um método, uma pedagogia necessária para esquematizar a relação entre Deus e o homem no plano físico. Quando o espírito retorna à dimensão espiritual, ele percebe isso por si só, desde que seja esclarecido e esteja na luz. Por conta da maior consciência que a alma liberta do corpo físico tem, ele se dá conta do óbvio. Portanto, logo após ele perceber, por conta própria, a força das leis universais, ele entende que as religiões são mais necessárias aos encarnados que ainda não conseguem avaliar a questão da evolução da consciência em um contexto amplo.

Nas atmosferas extrafísicas, buscamos compreender as leis universais, que são os mecanismos naturais estabelecidos pelo Grande Espírito Criador, portanto não nos ligamos a uma ou outra religião, já que todas elas exercem o mesmo papel, com formas e níveis de profundidade diferentes.

Respirei fundo, absorvendo as palavras sábias de Adolfo. Tudo fazia muito sentido. Além disso, aquilo tudo fazia com que eu pensasse sobre quebrar paradigmas mundanos. Eu estava tentando concatenar as minhas ideias em consequência das informações que recebia, pois elas me faziam quebrar muitos dogmas que eu tinha.

— Então você quer dizer que as religiões manifestam apenas um primeiro estágio na compreensão da relação entre o espírito e Deus?

— Sim, é isso mesmo — respondeu Adolfo.

Cris me olhou e me viu completamente absorto com as novas percepções. Tentando somar novos elementos ao discurso de Adolfo, Cris acrescentou:

— A religião é um caminho, uma proposta de estímulo para a maioria das pessoas que ainda precisam aprender a pensar por elas próprias, mas, assim que um sentido maior começa a despertar na humanidade, esta passará a enxergar sua relação com a espiritualidade sob a sua ótica pessoal, pois o que importa não é a religião em si, mas os aprendizados que se fazem necessários. Por isso, cada um deve ser responsável por seu aprendizado.

Em outras palavras, todos têm o livre-arbítrio de escolher como querem evoluir.

A religião pode limitar a visão daquele que já vê a criação por meio de suas leis naturais, entretanto ela pode facilitar o caminho daquele que ainda não tem "olhos para enxergar" esta realidade.

Tudo tem a sua função, tudo tem o seu papel no contexto da evolução, mas a escolha é sempre de cada um.

Eu estava feliz, e mais uma vez precisando refletir sobre todos os ensinamentos que me habitavam a consciência. A noção de clareza, a lucidez e a percepção de realidade desses amparadores espirituais é algo encantador, que desperta em mim os mais profundos sentimentos de gratidão e admiração. E foi nessa atmosfera de sentimentos superiores que percebi que os ensinamentos daquela ocasião tinham chegado ao fim.

Agradeci aos amigos e amparadores, cheio de amor no coração pela condição de privilegiado, por receber tão relevantes considerações sobre assuntos polêmicos.

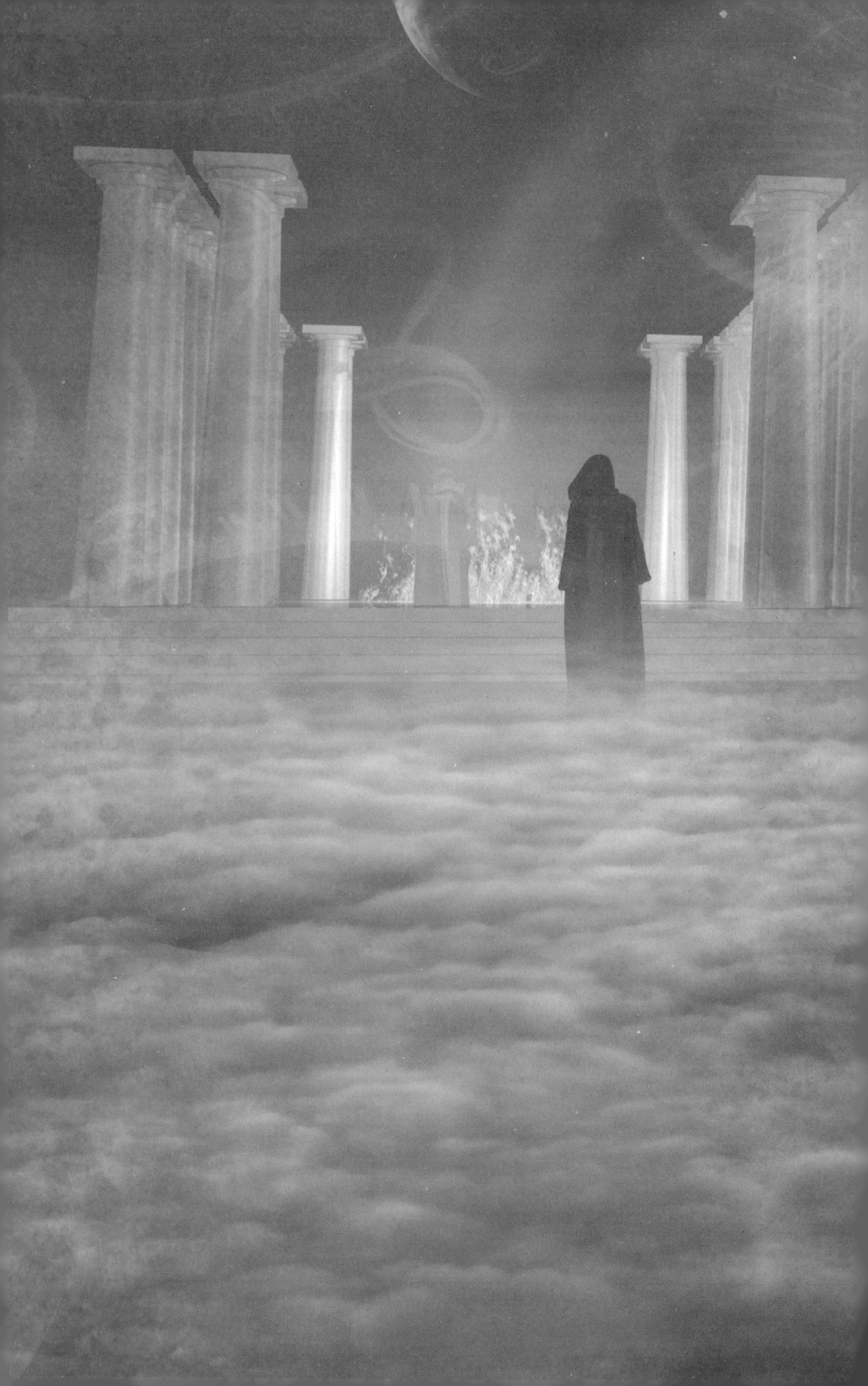

A NONA TAREFA
E O CASO
DO PASTOR HENRIQUE

Usando os inúmeros recursos de que o plano extrafísico dispõe, desta vez me encontrei com Cristopher em projeção da alma, em um local no canto esquerdo da enorme sacada de Siena. Nós nos sentamos em um banco e, em um estado de harmonia plena, consagramos juntos a beleza do local.

Cris estava muito descontraído, pois estava mais solto, mais desapegado de sua postura quase sempre muito formal.

Assim como quem imita uma pessoa fofoqueira da Terra, ele me disse, falando próximo ao meu ouvido, em tom bem baixinho:

— Tenho uma quentinha para te contar!

Não contive o riso e disse:

— Eu não acredito! Amparador espiritual fazendo fofoca? —perguntei sem perder o bom humor que o momento permitia.

— Estou brincando — ele disse, ainda rindo bastante.

— Está certo, eu entendo...

— Mas tenho realmente uma história para contar a você. É sobre o amparo a um virtuoso. Acho que essa narrativa vai fazer bem para o livro, não acha? — Cris me perguntou em tom animado.

— Sim, sim, claro que sim, adoro essas histórias que você nos arruma.

Percebendo a minha animação, Cris foi se preparando. Ele mudou a sua posição no banco, arrumou-se melhor e olhou fixamente para a frente. Até aquele momento, eu só podia ver a paisagem na minha frente composta de nuvens e grandes montanhas. Em alguns segundos, formou-se na minha frente um telão composto pelo mesmo material com o qual eu tive contato no Instituto Escola das Mães. Em poucos instantes comecei a enxergar a história que será narrada a seguir. Não só vi com os olhos, mas entrei na história, com a sensação de a estar vivendo com todos os sentidos. De agora em diante, narrarei a história como pude perceber.

Henrique era o pastor e administrador de uma igreja evangélica em uma pequena cidade de Minas Gerais.

Nem sempre foi assim. Quando ele começou, seis anos atrás, nem igreja ele tinha.

A construção da igreja só foi possível porque Henrique, com o seu carisma e a sua disposição, mobilizou a comunidade, fez eventos sociais, conseguiu doações e muita ajuda de diversos lados para viabilizar o seu maior objetivo.

Muitas pessoas da comunidade local não simpatizavam com a religião de Henrique. Entretanto, o seu carisma ia além das opções religiosas, e dessa forma ele era muito querido por todos da comunidade onde vivia. Além disso, ele estava sempre envolvido com causas sociais, ajuda aos pobres, projetos de amparo ao menor infrator, orientação espiritual para casais e inúmeras atividades relacionadas a tirar homens e mulheres dos vícios mais comuns, como álcool, cigarro, drogas e sexo.

Ele era muito decidido em suas ações e também muito altruísta. Seguidas vezes via-se em seu rosto que o abatimento físico tomava-lhe o corpo, mas mesmo assim ele seguia sem cessar com as atividades sociais, que tinha como pano de fundo a sua igreja evangélica.

Na arte de ajudar, ele não via cor, credo, raça, idade ou sexo. Ele simplesmente ajudava e movia esforços neste sentido. Entretanto, quando o assunto era a religião, pode-se dizer que ele era muito radical, pois seguia à risca uma visão estreita sobre a Bíblia e o evangelho de Jesus.

Sua equipe de trabalho nos projetos assistenciais era composta por mais de vinte pessoas, entre homens, mulheres e adolescentes. Contudo, os ajudantes fiéis mesmo eram apenas doze. O pastor Henrique sabia que com esses doze ele podia mesmo contar.

Tudo ia bem: as obras sociais, o trabalho da igreja e a aceitação da comunidade.

Embora fosse um pastor de visão estreita sobre a espiritualidade, os sentimentos de amor e doação ao próximo lhe eram muito latentes, e por isso ele seguia à frente de atividades que realmente ajudavam as pessoas de sua comunidade.

Nos dias de semana, no período da manhã, o pastor Henrique e seus ajudantes prestavam diversos tipos de atendimentos à comunidade carente. Ajudavam com alimentos, ajudavam famílias carentes na compra de medicamentos essenciais e, dentro daquilo que estava em seu conhecimento, eles também ofereciam tratamentos naturais à base de chás para os males mais comuns.

Tudo ia bem até que alguns dos seus ajudantes mais fiéis começaram a questionar Henrique sobre o uso de ervas e outros elementos mais no tratamento de doenças. Esses ajudantes, também estando na sintonia de uma visão espiritual estreita e radical, começaram a pressionar o pastor Henrique, alegando que o que faziam era em parte magia, portanto não era permitido, segundo Jesus.

De tempos em tempos, algum religioso mais rígido sempre vinha visitar as obras assistenciais do pastor Henrique e sempre o pressionava, utilizando para isso citações de passagens bíblicas interpretadas de forma equivocada.

Muitas vezes o pastor Henrique calava-se e esperava

o tempo passar para tudo ficar normal, mas, depois de alguns casos como esse, a discórdia começou a tomar conta dos doze. Consequentemente, as cobranças começaram. O tempo foi passando, Henrique foi-se abatendo e não demorou para que ele começasse a demonstrar sinais de fraqueza e desânimo.

No auge de seu mal-estar e desânimo, começou a orar em seus momentos de silêncio, pedindo a Jesus que se manifestasse e que tomasse conta do trabalho na assistência e na igreja. Rezava, mesmo que na sua visão estreita de espiritualidade, com uma devoção comovente.

O tempo foi passando e as coisas iam piorando, pois os doze não se entendiam mais. Eles só discutiam sobre o que estava e o que não estava na Bíblia, bem como o que era lícito ou não lícito conforme a "Palavra".

As orações do Pastor Henrique seguiam firmes, mas o seu estado de saúde só piorava, pois a cada dia ele estava mais pálido e cansado.

Certo dia, depois de mais uma oração fervorosa realizada quando ele estava deitado em sua cama, ele viu um grande ser, forte, alto, segurando uma lança de ponta de metal polido e com cara de poucos amigos. Junto com esse ser estavam dois grandes índios, com cocares enormes em trajes também de batalha. Além disso, ele teve a nítida visão de três lobos da cor cinza, zanzando de um lado para o outro no ambiente do seu quarto.

Quando o Pastor Henrique enxergou aquilo, ele não quis acreditar em sua visão interior. Ele simplesmente considerou que estava tendo alucinações.

No outro dia de manhã, levantou-se da cama, tratou de tomar um banho rápido e, meio que assustado, saiu de casa logo, mesmo sem tomar café, pois ele estava perturbado.

Ele foi para o salão de assistência. Era dia de atendimento a doentes, para os quais eram recomendados tratamentos com chás aos consultantes. Henrique não gozava de suas melhores condições físicas, estava muito cansado, sem a sua habitual energia já fazia um bom tempo. No terceiro atendimento do dia, chegou um senhor aparentando mais de sessenta anos, que mal conseguia encostar o pé direito no chão.

Aquele lugar era localizado em uma cidadezinha muito distante de um bom hospital, portanto o pastor Henrique e os trabalhadores da Igreja foram obrigados, ao longo dos anos de trabalho, a aprender a lidar com essas situações. Dessa forma, embora os tratamentos que eles ofereciam, na maioria das vezes, não fossem definitivos, ainda assim levava um certo alento ao povo sofrido daquela pequena comunidade.

Quando aquele senhor com o problema na perna direita chegou perto do Pastor Henrique e do seu ajudante

Josias, de apenas quatorze anos, como era de costume, ele saudou o enfermo com alegria no olhar e muito carinho.

— Sente-se, seu Jorge, vamos dar uma olhada nesse pé.

Seu Jorge rapidamente aceitou a sugestão de se sentar na cadeira oferecida. Ele se sentou na cadeira e logo em seguida disse:

— Eu não aguento mais de dor, eu preciso muito de uma cura, Pastor. É muito sofrimento para um homem da minha idade, ainda mais que eu não sei fazer outra coisa que não seja trabalhar na roça. Como eu vou me sustentar se eu não posso trabalhar? — lamentou-se seu Jorge.

— Calma, seu Jorge. Jesus não desampara aqueles que têm fé na sua palavra. Deixe-me olhar esse pé...

O pastor Henrique se abaixou para melhor enxergar as condições do pé daquele senhor. Ele logo viu que o pé, além de estar muito avermelhado, estava inchado e febril.

Apenas em pensamento o pastor disse:

— Meu Deus, o que eu posso fazer? Esse pé está muito complicado... Deus, me ajuda... Jesus, manda-me seus mensageiros, pois eu não sei o que fazer — rezou o pastor Henrique em silêncio, para não demonstrar ao doente o quanto ele estava assustado com as condições daquele pé.

Então, antes de lhe passar uma pomada caseira no pé, ele disse em voz alta:

— Vamos, seu Jorge, vamos fazer uma oração para Jesus. Acompanhe-me!

Quando o Pastor começou a fazer a oração, carregado de fé e força nas palavras, bem como entregue em seus sentimentos, uma entidade espiritual acoplou no corpo do pastor.

O corpo do pastor Henrique sofreu um tranco tão forte que parecia que ele havia levado um choque. Josias, o seu ajudante, e o seu Jorge se assustaram, mas seguiram com fé, acreditando na força da oração. Foi quando a fala do pastor, agora incorporado por uma entidade indígena, ficou muito diferente. A visão espiritual da situação era de um índio de quase dois metros de altura, portando um cocar com penas azuladas, brancas e violetas, e ainda segurando uma grande lança na mão direita.

Quando o pastor – que agora emprestava o veículo físico à entidade espiritual indígena – começou a falar, parecia que um trovão tinha caído do céu. As palavras proferidas foram as seguintes:

"Quem cria é Deus, quem cura é Deus, quem constrói é Deus. Deus é o que é porque está em tudo e em tudo está. Com sete passos prendo e arremato, com sete flechas alcanço o rastro, com sete pontas corto o laço e a ação do mal a sete palmos do chão eu embaraço."

Depois dessa fala totalmente diferente para os padrões daquela assistência, a entidade com voz de trovão desapareceu para, segundos depois, o Pastor Henrique voltar a si, sentindo-se uma marionete, tal era o seu estado de confusão mental.

Depois disso, ele recomendou uma infusão de ervas ao seu Jorge e o dispensou, pedindo que voltasse em uma semana para avaliar a melhora.

Seu Jorge não sabia o que dizer direito, mas sentiu um alívio enorme na dor e uma sensação gostosa no peito. Antes de deixar completamente o recinto, seu Jorge ainda disse:

— Pastor, eu não sei direito ainda o que o senhor fez comigo, mas eu sei, no fundo da minha alma, que eu estou curado.

O pastor Henrique, ainda atordoado, respondeu meio automaticamente:

— Foi a sua fé que o curou, meu irmão.

Após a saída de seu Jorge, um clima estranho ficou no ar, pois Henrique sabia que algo estranho tinha ocorrido ali, mas, para não gerar nenhuma confusão no ambiente onde os doze trabalhavam, o qual já estava completamente tomado pelas intrigas e pelos conflitos, o pastor decidiu fingir que nada havia ocorrido.

No final do expediente, quando chegou à sua residência, Henrique desabou em um sentimento de desespero e súplica:

— Senhor Jesus, por favor, orienta-me. O que está acontecendo comigo? Que forças do demônio são essas que tomaram conta de mim hoje? Quais espíritos malignos são esses que eu enxerguei em minha oração? Estou rezando para o Satanás em vez do senhor, meu Jesus?

Depois de sua oração devotada e assustada, Henrique caiu em um sono profundo em sua cama. Ele estava muito cansado e tenso pelas ocasiões do dia, então ele não conseguiu resistir ao sono avassalador que tomou conta dele.

Com o seu corpo físico dormindo, seu espírito se projetou para fora do corpo. Imediatamente, Adolfo, Benedito, os dois índios e os três lobos se aproximaram dele, que logo foi dizendo:

— Quem são vocês? Eu morri? Eu estou no inferno? Vocês vieram me levar para o inferno?

Embora Adolfo estivesse se posicionado em frente a todos eles, foi Benedito, com seu amor e irreverência, que respondeu à alma projetada de Henrique:

— Por acaso você está vendo chifres na minha cabeça? Por acaso você não sabe a diferença entre cajado e garfo do capeta? Você acha mesmo que no inferno tem gente tão bonita quanto nós? Pois o senhor está muito enganado, não trabalhamos a serviço do "maldoso", não. Nós estamos do lado direito da cruz, se é que o senhor nos entende — finalizou Benedito, o negro velho entre os presentes.

— Então quem são vocês? O que querem de mim?

— Viemos em resposta à sua oração. Você não pediu luz, direção, discernimento e proteção contra as forças ocultas do mal? Pois, neste dia, nossa legião de trabalhadores representada por Benedito, Voz de Trovão e sua turma fez uma faxina espiritual no ambiente da sua igreja e comunidade — Adolfo completou.

— Mas e Jesus, onde ele está?

— Está rezando por nós, meu filho, está olhando por nós... Você pode não acreditar, mas é que ele é ocupado demais para vir em pessoa, entende? — Benedito foi quem falou dessa vez, ainda preservando a brandura e a irreverência na fala.

Enquanto a comunicação entre eles acontecia, as entidades indígenas se afastaram um pouco, apenas interessadas em manter a proteção do ambiente.

— Mas e esses dois índios aí? O que eles estão fazendo? O que eles querem?

— Quem é que você acha que entra na guerra contra as forças do mal, meu filho? As ovelhinhas de Jesus? Claro que não, são os guerreiros da Vontade Maior. Neste caso, são os amigos ali que cuidam, juntamente com os seus comandados, da ação no "campo de batalha" contra as forças do mal.

E Benedito ainda prosseguiu:

— Vejo, meu filho, que um livro sagrado deixou você meio míope para as verdades da alma. "A casa de meu pai tem muitas moradas", e muitos trabalhadores também, meu filho. Aprenda a usar melhor o seu coração e tire da sua vida o preconceito espiritual, porque o seu Jesus se manifesta de inúmeras formas... Nosso mestre Jesus é uma alma além da compreensão, além de tudo que possamos entender ou ver, porque ele é um enviado do Cristo, que está em tudo e age sobre tudo.

— Está bem, está bem... — falou Henrique, já se rendendo àquelas palavras do Pai Velho que começaram a tocar o seu coração.

O Pastor Henrique estava sofrendo com aquela experiência, pois, embora ele fosse um espírito considerado **virtuoso***, o que significa ser portador de *símbolos de força**, ainda assim ele estava muito impregnado com paradigmas unicamente humanos, e por isso ele estava lutando contra seus próprios conceitos para poder aceitar aquela conversa em ambiente espiritual e ainda com seres completamente improváveis, segundo as suas crenças.

Percebendo que Henrique começava a permitir uma

Espíritos com grandes potenciais acumulados em experiências de vidas passadas, habilitados a desenvolver grandes possibilidades de ações construtivas para a humanidade.

É uma energia especial acumulada que guarda consigo a força de um sucesso encarnatório. É considerado um virtuoso aquele que tem um ou mais símbolos de força em sua alma.

aproximação maior no que tange à absorção de novas ideias, Adolfo começou a falar:

— Henrique, você, em outras experiências terrenas, já adquiriu considerável experiência na prática do bem ao próximo e da elevação das consciências, o que o credenciou como alguém de quem bastante se espera. Entretanto, em uma experiência mais recente, você não soube aproveitar a liberdade de expressão que aquela encarnação lhe oferecia e usou mal a sua liberdade religiosa.

Ao planejar o seu regresso na vida física atual, ficou combinado que uma jornada na linha de uma religião mais rígida lhe faria proveitoso efeito no sentido de reconquistar o equilíbrio na sua expressão, por isso você mesmo preferiu reencarnar em meio a pessoas e crenças com visões tão estreitas quanto a espiritualidade maior. Não sofra por isso, porque cada trabalhador do Grande Espírito Criador tem a sua importância nos planos da evolução da humanidade.

Volte ao seu trabalho com fé e dedicação, mas não deixe que o medo e a pressão social lhe entalhe fendas na sua proteção espiritual, pois o trabalho devotado sempre chama atenção de espíritos atrasados interessados na discórdia.

Seja discreto quanto ao alcance da sua visão espiritual, e acima de tudo respeite o tempo das outras pessoas, entretanto jamais negue aquilo que os olhos da sua alma estão lhe mostrando.

Nos próximos dias, as portas que estavam fechando os caminhos do trabalho do seu projeto junto à igreja e à assistência serão novamente abertas, mas, lembramos, não se lamente pelas pessoas que abandonarão a tarefa nobre de apoio aos necessitados, pois essas eram os elos frágeis na construção da corrente da sua trajetória junto a essa comunidade.

O fenômeno ocorrido no tratamento do seu Jorge não foi uma ação do Demônio, tampouco algo que deve ser combatido. Foi apenas Deus agindo conforme Suas ferramentas. Aquele homem estava muito perturbado espiritualmente e com sérias lesões na dimensão sutil de seu pé, portanto espíritos a serviço do Mestre Maior agiram por seu intermédio para levar cura para aquele honrado senhor.

O que você chama de Jesus, nós do plano espiritual chamamos de amparo simplesmente, pois "não importa o santo, apenas o milagre".

Continue em frente na sua tarefa de virtuoso. Muito se espera de você, mas muito lhe será dado se você continuar no seu caminho de levar bem-aventurança aos seu semelhantes.

Saiba também que seu Mestre Jesus olha por você e

lhe quer muito bem. Continue amparando a palavra Dele em seu coração, mas faça de forma branda e flexível.

Confie na proteção dos amigos que aqui vieram e saiba que, no plano espiritual, as forças se unem, pois o que importa é fazer o bem sem olhar a quem.

Fique na luz! Adolfo saudou Henrique e, juntamente com os outros, sumiu do ambiente espiritual do quarto.

Alguns segundos depois, o pastor se levantou abruptamente da cama, como se tivesse caído de um penhasco. Ofegante e confuso, recordava plenamente o conteúdo da conversa. Além disso, sentia que tudo estava diferente.

No dia posterior, seguindo a mesma rotina, o Pastor Henrique chegou ao salão da assistência e seu ajudante Josias lhe entregou uma carta. Nela, três de seus doze trabalhadores fiéis se despediam do pastor e do trabalho e, dizendo-se contrariados, estavam se mudando para outra comunidade, trinta e três quilômetros de distância dali.

O pastor Henrique tentou disfarçar o sorriso de canto de boca que escapou dele naquele instante, porque ele já estava confirmando a veracidade das informações que recebera na experiência sobrenatural da noite anterior.

Depois daquele ocorrido, a visão espiritual dele sofreu uma profunda transformação, a qual gradativamente ele foi inserindo na sua nova forma de "pregar a palavra", bem como no trabalho assistencial que fazia junto à comunidade.

O honrado Pastor Henrique começou a se concentrar muito mais no teor da mensagem e em seus fundamentos do que necessariamente em citações decoradas, cheias de interpretações confusas.

Seus cultos foram aos poucos se transformando em momentos balsâmicos para a mente, o corpo e o espírito, tal o teor de boas vibrações que ele conseguia aglutinar na atmosfera espiritual da sua igreja.

A sua forma renovada de ver o mundo e a espiritualidade, ainda que sintonizada na visão evangélica ocidental, fez com que um grande manancial de paz e tolerância se instalasse naquela comunidade da pequena cidade mineira.

E assim, depois dessa bela história, o telão especial se desfez e voltei minha consciência novamente para o momento presente, na companhia de Cris, no ambiente de Siena.

Quando olhei para Cris, com um sorriso na boca e emoção no olhar, ele já foi dizendo:

— Deus move as coisas em uma harmonia e um equilíbrio perfeito, nada está errado, tudo tem um propósito. Aquele que merece ajuda, e assim se abre para ela, sempre irá receber.

Um trabalhador da luz, um filho de Deus que seja dedicado ao bem maior sempre será muito amparado pelas forças do alto, em todos os casos, onde quer que este filho esteja.

A nona tarefa de Siena é a de dar amparo aos virtuosos, espíritos potencialmente carregados de uma força de realização de projetos que visam ao bem maior da humanidade. Mesmo assim, não há erros na forma de atuar dos emissários da luz, assim como não há injustiças na ação dos mestres das sombras, porque tudo obedece à lei da justiça, à lei da vida. Cabe a cada alma dedicar sempre, de forma contínua e profunda, atenção à busca das verdades universais sem jamais desanimar. "Deus ajuda a quem cedo madruga" refere-se ao fato de que a persistência no caminho da busca espiritual sempre produz benefícios inimagináveis.

Eu não tinha nenhuma palavra para dizer ao nobre amparador, apenas podia manifestar a minha expressão de gratidão por tudo. Senti que meu tempo ali estava se esgotando e que os aprendizados daquela ocasião tinham chegado ao fim.

ASSÉDIOS ESPIRITUAIS E A TRANSIÇÃO PLANETÁRIA

Voltando a Siena, na presença de Cristopher, nós nos encontramos novamente com Adolfo, com o objetivo de maiores esclarecimentos sobre os acontecimentos da atualidade, em especial a interação entre o plano físico e o plano espiritual.

Naquela ocasião, logo depois de sermos recebidos por Adolfo, sem mesmo eu fazer perguntas, nosso guia em Siena já foi falando:— No momento atual da humanidade, já sabemos e já experienciamos, por diversos meios, que todos somos assediados espiritualmente. Esse assédio pode ser por parte da Luz ou das Sombras.

A nossa sintonia pessoal, a qual é construída com base em nossas emoções, pensamentos, sentimentos e atitudes, determinam o que vamos atrair: assédio da luz ou das sombras. Mesmo assim, ainda podemos estar sintonizados em vibrações nobres e sermos assediados pelas sombras, como também podemos estar sintonizados em condições precárias e, ainda assim, sermos assediados pelos seres de Luz.

Quando o assédio é feito por seres destituídos de amor e respeito, sem fins de moral elevada, nós os consideramos obsessores.

Quando o assédio é feito por seres com objetivos elevados, sintonizados com o bem maior, nós os consideramos como amparadores, guias, mentores ou amigos espirituais.

Pela natureza da vida, sabemos que a interação entre plano espiritual e plano físico é tão íntima como a relação do ovo e da sua casca, pois estão intimamente ligados. Um existe para que o outro também exista, portanto estão interagindo o tempo todo.

O plano físico e o plano espiritual coexistem no espaço de nossa existência, ou seja, não temos como bloquear essa interação, mas temos como trabalhar no sentido de fazer com que essa "troca" seja a mais saudável possível.

Não há como evitar, o assédio espiritual é constante, atuante, exatamente, como o ar que respiramos. A nossa escolha é entre respirar um ar puro ou um ar poluído, ou seja, se nossa sintonia será estabelecida com os assediadores do bem ou os do mal.

E continuou:

— Agora, neste exato momento, qualquer ser humano está naturalmente em sintonia com o plano espiritual. Então é salutar fazer uma oração de coração aberto, receptivo, com intenção pautada no amor, para que os seres de luz venham até você e lhe inspirem os melhores valores e sentimentos. Só isso já basta para o ser humano encarnado, onde quer que ele esteja!

O plano espiritual é como o ar, ele simplesmente existe. Não importa se há ou não crença em sua existência, ele está presente, interagindo com tudo e todos. O plano espiritual é para todos, assim como o amor de Deus ou como os raios solares, que não escolhem a quem vão iluminar, bem como a chuva, que não faz julgamento a quem deve molhar.

É importante silenciar a mente e sentir a melhoria consequente no padrão vibracional em instantes. Para aqueles que gostam de testar tudo na prática, recomendamos que experimente assim que possível.

O mais importante é que saibamos, definitivamente, que, quando agimos com descaso, sem consciência, sem atenção a princípios e valores de elevada moral, pautados no amor, no equilíbrio, no respeito e na **regra de ouro**[*] presente em todas as religiões da Terra, como consequência natural seremos assediados pelo lado sombra da existência espiritual.

Não faça ao seu próximo o que não gostaria que lhe fizesse e ame seu próximo como a si mesmo.

BRUNO J. GIMENES

Quanto mais assédio do mal, mais medo, mais egoísmo, mais distração consciencial, mais doença, mais ignorância.

Quanto mais assédio do bem, mais coragem, mais altruísmo, mais prosperidade, mais consciência espiritual e mais alegria de viver.

Não é preciso enxergar, ouvir ou ver o assédio da luz para que ela aja na vida de qualquer pessoa, assim como não é preciso ver a energia elétrica para que ela atue, bem como não é preciso ver o ar para respirá-lo. Entretanto, de forma simples e objetiva, é necessário focar os pensamentos e as atitudes no sentido do bem maior, para que seja desfrutado de assédios espirituais de seres de elevado quilate moral e, dessa forma, que se possa receber a bênção que é viver nessa sintonia. É simples, é fácil e é transformador viver com essa atenção e essa consciência. Viver com essas bases desenvolve em qualquer pessoa a predisposição ao **Chamado da Luz.** Depois de ouvir toda a explanação de Adolfo, mais uma vez fiquei completamente admirado pela capacidade do nosso instrutor de Siena em nos explicar, de forma tão simples e objetiva, um tema tão complexo.

Dando uma pausa em minhas reflexões, apenas respirei fundo e contemplei o momento maravilhoso em que vivia. Adolfo e Cristopher também se mantiveram em silêncio, contemplando igualmente aquele momento de sentimentos elevados.

Dando um tempo para que eu pudesse assimilar as informações e as vibrações positivas subsequentes, Adolfo prosseguiu falando:

— Sei que um dos assuntos que mais intrigam a humanidade nos dias de hoje é a tão falada transição planetária. Portanto, se me permite, gostaria de oferecer algumas considerações importantes sobre o tema.

— Sim, permito! — eu disse com empolgação. Depois da minha reação quase juvenil, Adolfo começou o que chamei de palestra.

"A transição planetária é um acontecimento natural – portanto normal –, assim como qualquer ciclo no qual estamos envolvidos: do dia e da noite, das quatro estações de um ano, e assim por diante.

A cada ciclo, as leis naturais se processam, a vida se manifesta, se altera, se renova e se reinventa. Tudo tem seu motivo de ser e acontecer, cada estação do ano, o sol, a chuva, o frio e o calor, tudo favorece o desenvolvimento da vida.

O universo se expande com base em uma matriz de desenvolvimento. Essa matriz é na verdade o que conhecemos como leis naturais. Essas leis são como regras preestabelecidas pelo Grande Espírito Criador.

Quem sabe reconhecer o padrão de funcionamento

das leis naturais e vive sua vida no mesmo sentido de seus fluxos, é mais feliz, mais saudável e próspero. No universo, o movimento é constante, é como uma música que age pela vibração, pois sem vibração o som não se faz. Tudo vibra, tudo se expande e se contrai, nada para de se movimentar, bem como nada acontece sem estar envolvido pela ação dessas leis naturais. Obviamente, existem muitas maneiras humanas –portanto falíveis – de interpretá-las para a vida comum, todavia é necessário reiterar que falta de crença sobre essas leis, ou mesmo a sua interpretação equivocada por parte da humanidade, não modifica seu mecanismo de atuação.

Grandes almas passaram pela Terra e estiveram entre os homens, a serviço do Bem Maior. Elas sempre procuram ensinar a humanidade sobre essas leis, pois, do alto de suas consciências clarificadas, sempre estimularam as massas na compreensão das verdades universais.

Assim, as religiões, os conjuntos de crenças e as filosofias espirituais se estruturam no mundo, com a mensagem principal de procurar explicar as leis naturais do universo e suas ações sobre a vida humana, seus comportamentos e atitudes.

Cada momento da humanidade é uma transição, pois **a lei número um do universo é a Evolução Constante**, que tem o objetivo principal de estimular o desenvolvimento de tudo e de todos que existem.

A transição planetária, da qual a humanidade tanto fala, comenta, debate, é mais um período como os muitos outros que já existiram e os que ainda existirão, porque assim é a vida, assim é o universo, um movimento constante.

Não devemos temer a respeito deste ou de outros períodos que virão, apenas deveremos nos concentrar na importância de evoluirmos sempre, sob todos os aspectos de nossas vidas. Como a música que se propaga e vibra pelo ar até alcançar os nossos ouvidos, devemos nos movimentar, pois com o movimento a vida evolui, o universo se expande. Este é e deverá ser, hoje e sempre, o nosso papel, o de continuar evoluindo, independentemente do nome que este período tenha e independentemente do medo coletivo ou de grupos que apontam a tendência de tragédias e desastres naturais além do normal.

Toda transição mostra a necessidade do movimento e da mudança. É nisso que devemos nos concentrar. Além disso, é importante lembrar que o nome UNIVERSO significa: Uni = único / Verso = canção. Portanto, o Universo é música, é movimento, é som! Se o movimento parar, o som também para.

Grandes seres que passaram pela Terra, almas iluminadas a serviço do bem maior, sempre tentaram ensinar à raça humana a compreensão dos mecanismos das leis naturais. Grandes seres que encarnaram entre simples mortais deram suas contribuições no sentido dessa compreensão. Com isso, as religiões se formaram, como uma proposta para promover condições de entender as leis, mas muitos equívocos surgiram e, em muitos casos, o véu da ignorância foi completamente nutrido pelas imensas confusões que estas tentativas religiosas geraram.

Desde sempre, mesmo sem saber, o ser humano buscou compreender essas leis naturais e agir no sentido de seu fluxo. No momento atual, mais uma vez os seres humanos estão sendo estimulados a pensar suas vidas e propósitos muito mais pela influência natural dessas leis universais do que por visões religiosas passíveis de contaminações do ego humano.

É até curioso dizer a expressão "transição planetária", pois tudo sempre foi transição. Ontem foi, hoje é, e amanhã será, simplesmente porque existe uma lei natural que sempre regulará esse processo: **a lei da evolução constante.**

- **Nada e nem ninguém pode cessar a ação dessa lei;**

- **Tudo é transição, no passado, no presente e no futuro.**

O movimento chamado de transição planetária – ao qual a humanidade tanto dá atenção – refere-se ao intervalo que envolve os anos entre 1992 e 2012 d.C.. Esse período foi batizado com esse nome por alguns observadores encarnados, pois eles entenderam que temos no momento atual um toque especial.

Transição é transição, é a saída de um ponto em direção ao outro e, embora alguns momentos mostrem-se aparentemente especiais, todos são importantes.

Para os olhos humanos, naturalmente afetados por emoções mundanas, o momento atual pode ser considerado superespecial. Entretanto, aos olhos do Grande Criador, todos os momentos são especiais e igualmente importantes, já que são tijolos de uma grande construção.

É assim que devemos considerar a vida, em evolução ou transição constante. E o nosso papel deverá sempre ser o de autoaperfeiçoamento, que é a **busca pelo aumento constante do estado de amor.**

Outra tarefa importante é a de valorizar os aspectos da cada transição. Existem momentos para aprender a cuidar, outros para ser cuidado. Existem momentos para aprender a falar, outros para calar. Existem momentos para plantar, outros para colher. O mais importante é você reconhecer o que o movimento pede, para que a sua consciência compreenda. Cada estágio da transição carrega consigo uma lei intrínseca, e o desafio de cada alma é compreender esses ensinamentos.

Muitas pessoas fascinam-se com os aspectos míticos

(mitificados por elas próprias) dos constantes processos de transição e acabam se distraindo das lições mais importantes.

Cada ser vive o que deve viver, no momento que deve ser vivido, sempre com o objetivo maior de acompanhar o universo na realização da evolução constante.

O aspecto mais importante – do período que os homens chamam de transição planetária – é evoluir conscientemente na mesma proporção dos acontecimentos cósmicos.

O que vem adiante no horizonte da evolução planetária não importa, tampouco os acontecimentos naturais decorrentes. O que realmente importa é a evolução dos seres no mesmo nível da evolução cósmica.

Toda a forma de dor ou sofrimento humano denota um comportamento estagnado que flui em sentido contrário ao fluxo universal. Assim sendo, o apego é uma condição estática consciencial que gera dor ou sofrimento.

Mudar, e mudar para melhor, hoje, amanhã e sempre, é a condição ideal para viver bem os eternos movimentos de transição.

Cada momento favorece um conjunto de aprendizados conscienciais. Este deve ser o principal foco: aprender o que o momento pede que seja aprendido. Entre diversos ensinamentos que o período revela, podemos evidenciar alguns:

NOÇÃO DE CONSEQUÊNCIA

A humanidade, definitivamente, precisa se conscientizar de que tudo gera consequência. Toda ação gera uma reação. Não se trata de um Deus que está presente no imaginário de alguns religiosos, o qual é uma figura vingativa, justiceira. Estamos falando de leis naturais perfeitas e imutáveis. A reação sempre acontecerá, sendo o produto dessa ação a resultante em mesmo gênero e tom. Você colhe o que planta! Em tudo, sob todos os aspectos, sob todas as ocasiões e coisas.

NOÇÃO DE COOPERAÇÃO

No momento atual que a humanidade atravessa, ninguém pode ser feliz plenamente sendo completamente sozinho. Esta é uma condição impossível, pois uma das missões mais importantes da humanidade é a harmonização das relações em todos os níveis. A cooperação é a chave do sucesso em todas as áreas da vida humana.

NOÇÃO DE JUSTIÇA E DISCERNIMENTO

O coração de cada ser é competente para encontrar o

discernimento verdadeiro sobre todas as situações, sobre todas as tomadas de decisões e impasses da vida. Não existe sob a face da Terra um só coração que não seja habilitado para essa virtude. O que existe são corações batendo fora de compasso em relação ao coração do Grande Espírito Criador. Sintonizar o coração na Verdade Maior é o desafio do ser humano, pois, no coração puro e verdadeiro, encontram-se todas as respostas e todos os caminhos.

NOÇÃO DE DOMÍNIO DA RAIVA

A raiva é a porta da maldade e da perdição no coração do espírito humano. Aprender a controlar a raiva é saber-se senhor do seu destino e portador consciente do livre-arbítrio. Se por um lado a raiva alimenta a treva na vida de qualquer ser, o seu controle e a brandura de temperamento abrem as portas da clareza consciencial.

NOÇÃO DA MISSÃO DA ALMA

Todo ser tem uma missão espiritual além das compreensões materiais do mundo físico. A existência da encarnação do espírito é o fato mais significativo para o processo evolutivo da consciência humana. Só o fato de existirem encarnações periódicas já evidencia a importância do desenvolvimento de uma noção de que existe uma missão espiritual para cada um. Viver concentrado nesse foco afasta as chagas da alma e cura os erros do passado. Afastar a poeira da ilusão é o desafio de quem buscar o aperfeiçoamento dessa noção.

NOÇÃO DA CO-CRIAÇÃO

Todo ser humano tem o poder de construir realidades, de mudar situações, de recomeçar, de alcançar seus objetivos, mesmo que pareçam impossíveis. Tudo que se pensa um dia se materializa. Controlar os pensamentos destrutivos é o desafio maior no desenvolvimento desta noção. Somos o que pensamos.

NOÇÃO DE AUTOCURA

O poder de cura é uma faculdade natural da raça humana, e o ingrediente necessário para o desenvolvimento dessa noção é a confiança nesse processo. O ser humano possui em si um mecanismo de autocura perfeito, que se reinventa com o passar dos tempos. Sentir e expandir esse poder com gratidão e amor é mais um desafio para o desenvolvimento dessa noção.

NOÇÃO DA VERDADE

A retidão de caráter é o único caminho que leva para o equilíbrio em todos os aspectos. Acalmar os instintos primitivos e eliminar o autoboicote é o maior desafio para aquele que se dedica ao desenvolvimento dessa noção. A verdade em cada ato é o antídoto especial para a proteção espiritual em todos os casos.

NOÇÃO DA FORÇA DA FÉ

A fé é o ingrediente especial que muda o imutável, que move montanhas, sobrepõe obstáculos, quebra demandas, vence confrontos, conquista o "impossível". Acreditar no inacreditável e sustentar esta crença sob todas as condições adversas é o maior desafio daquele que busca desenvolver essa noção.

A NOÇÃO DOS PLANOS

Tudo neste universo tem uma identidade que manifesta o nível vibracional de sua construção. Os planos da vida coexistem em uma ordem perfeitamente estabelecida e equilibrada pelas diferentes frequências que vibram. Não há nada, absolutamente nada de errado em nenhuma situação da vida planetária e cósmica. Tudo é um caminho, tudo é um jeito de acontecer, todas as possibilidades podem gerar produtos específicos que tenham objetivos mais diversos. Os planos da existência regulam esses acontecimentos e processam a manutenção dos acontecimentos evolutivos. O desafio daquele que busca desenvolver esta noção é confiar na vida, buscar a sua evolução e aceitar que tudo é como tem que ser e que todos os caminhos são caminhos e que todas as possibilidades são válidas, pois tudo é relativo.

NOÇÃO DO AMPARO

Existe um amparo extrafísico constante sobre todos os seres, entretanto os de planos mais densos dificilmente conseguem perceber os de planos mais sutis. Pedir e confiar no amparo dos mais sutis é o grande desafio para aquele que quer desenvolver esta noção. O excesso de materialismo e o fascínio pelo mundo físico equilibram-se com as manifestações oferecidas pelos planos mais sutis. Os anjos da bondade e do amor são os trabalhadores invisíveis do Grande Espírito Criador amparando a humanidade em todos os seus passos.

NOÇÃO DE ALQUIMIA

A alma humana é dotada de possibilidades infinitas de cura e transformação interior. Toda mudança no mundo externo o qual enxergamos todos os dias se inicia dentro da alma de cada ser. A alquimia da alma é um dom sagrado que se revela apenas às pessoas interessadas honestamente no bem maior. Amar o altruísmo e dedicar-se a ele com toda força de seu coração é o ingrediente mais poderoso da alquimia interior. Vencer o egoísmo e a alienação é o maior desafio daquele que busca desenvolver esta noção.

NOÇÃO DE CLARIDADE

Há na atualidade um movimento universal que está clareando as consciências humanas, que, mesmo ainda confusas ou desfocadas, por força desta correnteza universal começam a perceber horizontes nunca antes imagináveis e, assim, a força do espírito torna-se mais latente a cada dia. Aprender a pensar com neutralidade, limpando a mente de convicções e paradigmas humanos enrijecidos, é o desafio para aquele que deseja desenvolver esta noção. Refletir profunda e amorosamente sobre todos os movimentos da vida é o papel do homem consciente deste novo momento. Os pensadores humanos precisam se reinventar e perceber que os seus mananciais estão localizados em uma mente clara e desimpregnada de emoções mundanas."

O assunto colocado de forma tão primorosa por Adolfo me deixou boquiaberto e sem reação para fazer qualquer pergunta adicional. Sentia-me como uma criança que brinca exaustivamente durante todo um dia em um parque de diversões e, quando chega em casa, sem forças cai exaurida na cama e dorme profundamente.

Estava saciado. Adolfo compreendia, no alto de sua sabedoria, a importância em relatar tão intrigante tema, sob a ótica do discernimento da espiritualidade.

Eu não precisava de mais nada, não tinha mais perguntas, estava completamente preenchido e, como em outras ocasiões, senti que os ensinamentos daquela ocasião tinham chegado ao fim.

Com amor e paz no coração, agradeci com toda a força da minha alma pela sublime oportunidade de servir como escritor nesta empreitada.

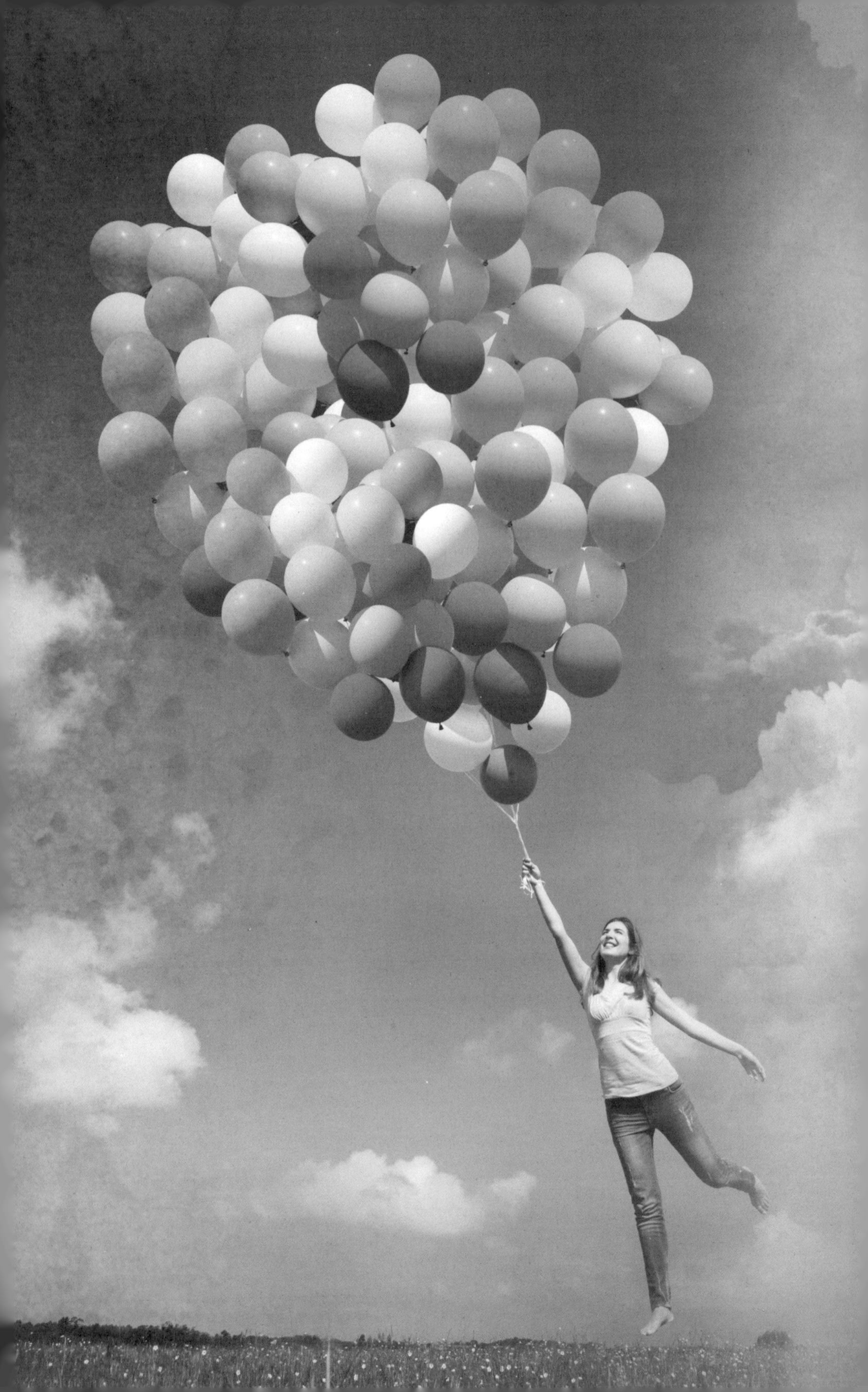

A ALQUIMIA
DA VIDA
É FEITA A CADA
NOVA ATITUDE!

Somos os alquimistas da Nova Era, pois estamos cada vez mais sendo banhados por novas informações oferecidas pela espiritualidade maior, que colabora com a nossa transformação pessoal, com a transmutação das mágoas em perdão, da raiva em amor e do medo em coragem. Somos os novos alquimistas! Alquimistas de nós mesmos redescobrindo o poder do amor que vem das Fontes maiores e está disponível a todos!

Definitivamente, hoje sabemos que o amor é para todos. Assim como os raios solares brilham sem perguntar para quem estão brilhando, o amor do Criador nos é oferecido abundantemente. Tal qual a um pássaro que canta sem querer saber quem ouvirá o seu canto, o amor nos é oferecido, sem julgamentos.

Deus é assim, emite Suas sublimes bênçãos amorosas para todas as Suas criaturas. Ocorre que o medo e a culpa, muitas vezes, nos fazem sentir que não somos merecedores. Ledo engano!

Deus não se mostra atormentado pelos nossos erros do passado. Ele apenas quer ver nossas atitudes corretas agora! Que sejamos corretos no momento presente, que façamos a alquimia da vida acontecer já! Forjada unicamente pela força do amor.

É assim o Grande Espírito Criador, ontem, hoje e amanhã, Nos oferecendo condições para fazermos a alquimia acontecer. Que possamos ouvir, enxergar ou sentir este *chamado da luz*, porque este é o ingrediente que faltava para a reação alquímica se processar.

O amor é para todos!

Que você possa sentir esse chamado sem culpas, sem medos e de coração aberto. E que a sua alquimia interior dê origem a um novo começo em sua vida e lhe mostre a face mais polida de sua essência e personalidade.

Obrigado por sua companhia em mais uma jornada!

Eu sou nós!
Eu sou nós!
Eu sou nós!
Obrigado!
Obrigado!
Obrigado!

Que o meu profundo sentimento de gratidão em servir como escritor neste processo possa chegar ao seu coração e lhe levar toda a sorte de paz e bem-aventurança. Somos mais fortes juntos. Até a próxima.

Com amor.

Bruno J. Gimenes

Outras Publicações

Luz da Serra
EDITORA

FALANDO DE VIDA APÓS A MORTE
WAGNER BORGES

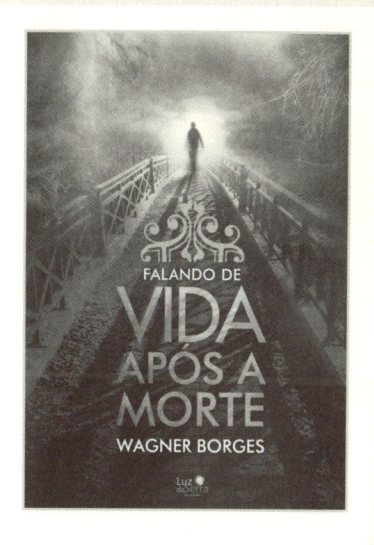

Wagner Borges, o qual tem grande vivência e experiência na trilha da espiritualidade, oferece neste livro, esclarecimento espiritual a respeito das questões que envolvem a perda de alguém e da administração sadia dessa experiência. Nada de pêsames e dramas na abordagem dos temas. Em lugar disso, boas doses de discernimento e consciência, voltados para o raciocínio coerente.

O autor organizou este livro de uma forma que poderá ajudar a clarear as veredas escuras da dor da perda, além de proporcionar excelente aprendizado no contexto do esclarecimento espiritual.

ISBN: 978-85-7727-153-5
Edição: 2ª
Páginas: 336
Formato: 16x23cm

ECOLOGIA DA ALMA
A jornada do espírito e a experiência humana
PATRÍCIA CÂNDIDO

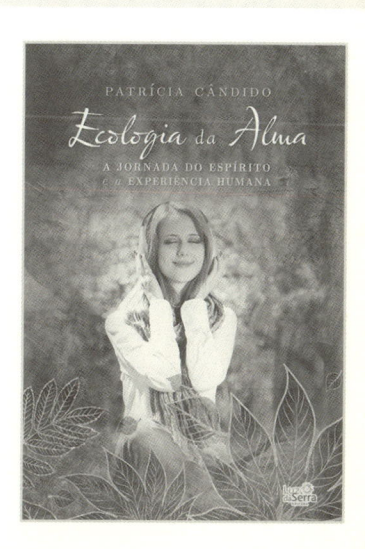

Este livro nos mostra que se não compreendermos o que a autora chama de ecologia da alma, possivelmente estaremos navegando em águas revoltas com nossas emoções, pensamentos, sentimentos, relacionamentos e realizações e, por consequência, poderemos sofrer, sentir dor e revolta.

A proposta é objetiva: preparar nosso espírito para a experiência humana e nos qualificarmos para sermos felizes em todos os níveis de nossa existência!

ISBN: 978-85-64463-00-4
Edição: 1ª
Páginas: 154
Formato: 16x23cm

O CAMINHO DO BUSCADOR
a Trilha do Bodhisattva
PATRÍCIA CÂNDIDO

A busca da iluminação. Um objetivo perseguido por muitos, mas atingido por poucos.

Em "A trilha do Bodhisattva", a autora entra em conexão com Kangyur, o espírito de um menino tibetano que incessantemente busca sua iluminação através de um caminho peregrino, em que o desapego, o medo e os relacionamentos são seus maiores desafios.

A história se passa no século XIX, entre a Índia e o Tibet, em uma época em que ambos os países passavam por um período de grande efervescência espiritual.

ISBN: 9788564463134
Edição: 1ª
Páginas: 184
Formato: 16x23cm

OS SÍMBOLOS DE FORÇA
a Volta Dos Iniciados
BRUNO J. GIMENES

Os virtuosos estão reencarnando na Terra. Alguns já estão entre nós, um grupo de espíritos portadores de muitas virtudes que, se colocadas em ação a serviço do bem, poderão realizar uma transformação positiva sem precedentes na história da humanidade. O desafio desses espíritos virtuosos é grande, nobre e essencial, todavia o plano das sombras sabe disso e faz de tudo para impedir esse movimento. O que os seres de Luz esperam de nós?

ISBN: 9788564463059
Edição: 1ª
Páginas: 175
Formato: 16x23cm

BOX - TARÔ DA FITOENERGÉTICA
Acompanha 118 cartas coloridas
BRUNO J. GIMENES, PATRÍCIA CÂNDIDO, DENISE CARILLO

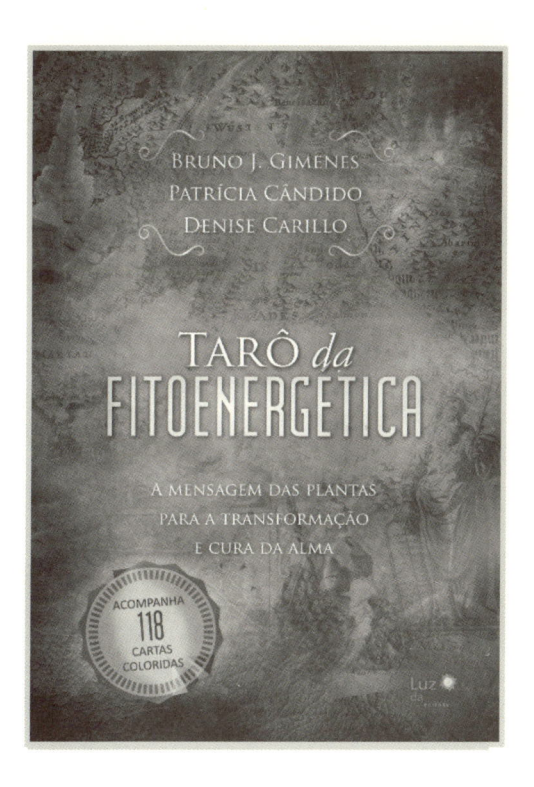

Com o Tarô da Fitoenergética você se beneficiará com recomendações terapêuticas e caminhos para o despertar da sua consciência e da cura dos seus aspectos negativos de personalidade. As 118 cartas deste tarô, composto por 118 espécies diferentes de plantas, carregam consigo uma força que ultrapassam as barreiras da simples compreensão humana, alcançando um nível muito profundo.

ISBN: 9788564463189
Edição: 1ª
Formato da caixa: 14x21cm

DECISÕES
Encontrando a missão da sua alma
BRUNO J. GIMENES

É um livro esclarecedor que mostra formas simples e eficientes para ajudar você a tomar decisões sábias, encontrar e realizar a missão de sua alma, produzindo em sua vida efeitos intensamente positivos.

ISBN: 978-85-64463-08-0
Edição: 5ª
Páginas: 168
Formato: 16x23cm

ATIVAÇÕES ESPIRITUAIS
Obsessão e evolução pelos implantes extrafísicos
BRUNO J. GIMENES

A importância dos elementais (espíritos da natureza), o lado espiritual das grandes festas(música eletrônica, carnaval), a ação silenciosa dos espíritos malignos, a obsessão através dos implantes, o trabalho dos especialistas da luz e as ativações espirituais são alguns dos temas narrados nesse romance orientado espiritualmente por Cristopher.

ISBN: 978-85-64463-01-1
Edição: 2ª
Páginas: 168
Formato: 16x23cm

GRANDES MESTRES DA HUMANIDADE
Lições de Amor para a Nova Era
PATRÍCIA CÂNDIDO

É uma busca no passado que traz à tona a herança deixada pelos sábios que atingiram os níveis mais altos de consciência. Talvez a humanidade não perceba que as mensagens de Buda, Krishna, Gandhi, Jesus e outros seres iluminados nunca foram tão necessárias e atuais. Nesta obra, a autora reúne as propostas de evolução que cinquenta grandes almas apresentaram à humanidade.

ISBN: 978-85-7727-153-5
Edição: 3ª
Páginas: 336
Formato: 16x23cm

EVOLUÇÃO ESPIRITUAL NA PRÁTICA
BRUNO J. GIMENES E PATRÍCIA CÂNDIDO

É um manual prático que proporciona ao leitor, condições de acelerar sua evolução espiritual, de forma consciente, harmoniosa, inspirando valores para alma, que o faça refletir sobre o sentido da vida e seus aprendizados constantes.

ISBN: 978-85-7727-200-6
Edição: 4ª
Páginas: 344
Formato: 16x23cm

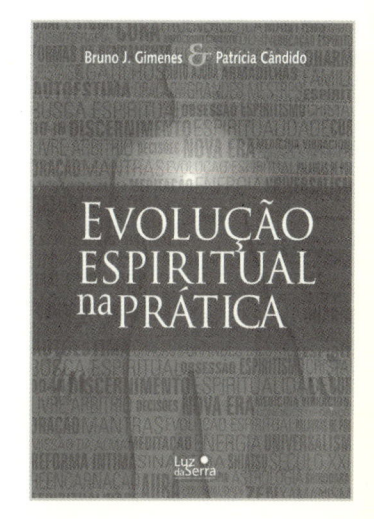

O CRIADOR DA REALIDADE
A vida dos seus sonhos é possível
BRUNO J. GIMENES E PATRÍCIA CÂNDIDO

De forma direta e eficiente, oferece todas as informações que você precisa saber para transformar a sua vida em uma história de sucesso, em todos os sentidos: saúde, relacionamentos, dinheiro, paz de espírito, trabalho e muito mais.

ISBN: 978-85-7727-234-1
Edição: 3ª
Páginas: 128
Formato: 14x21cm

FITOENERGÉTICA
A Energia das Plantas no Equilíbrio da Alma
BRUNO J. GIMENES

O poder oculto das plantas apresentado de uma maneira que você jamais viu.
É um livro inédito no mundo que mostra um sério e aprofundado estudo sobre as propriedades energéticas das plantas e seus efeitos sobre todos os seres

ISBN: 978-85-7727-180-1
Edição: 6ª
Páginas: 304
Formato: 16x23cm

MULHER
A essência que o mundo precisa
BRUNO J. GIMENES

Um novo jeito de pensar e agir a partir das bases amorosas aproxima-se para a humanidade, tendo como centro dessa transformação a energia essencial da mulher. Nesse evento dos planos superiores, a protagonista é a mulher, o ser que consegue armazenar em seu seio, a força das atmosferas sublimes, que é o antibiótico para a bactéria da ignorância mundana.

ISBN: 978-85-7727-251-8
Edição: 2ª
Páginas: 336
Formato: 16x23cm

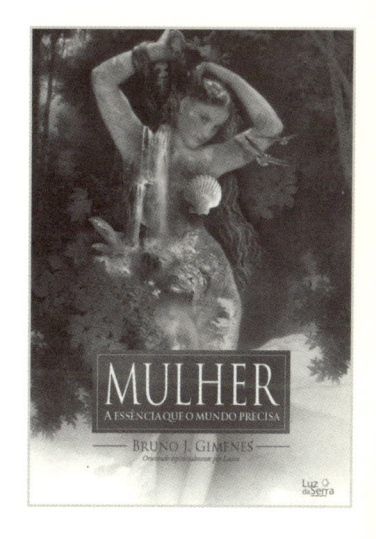

E O LOBO UIVOU PARA A ÁGUIA
JUAREZ GURDJIEFF

Nesta obra, Juarez Gurdjieff apresenta o assunto da espiritualidade de forma prática e vinculada aos estados psicológicos da vida humana em vários segmentos.
Ao leitor cabe apenas o exercício de compreender e traduzir para a sua vida as reflexões advindas da tradição dos índios. Numa linguagem simbólica entre os animais, o diálogo que se estabelece produzirá benefícios incríveis em sua vida.

ISBN: 978-85-7727-259-4
Edição: 1ª
Páginas: 144
Formato: 16x23cm

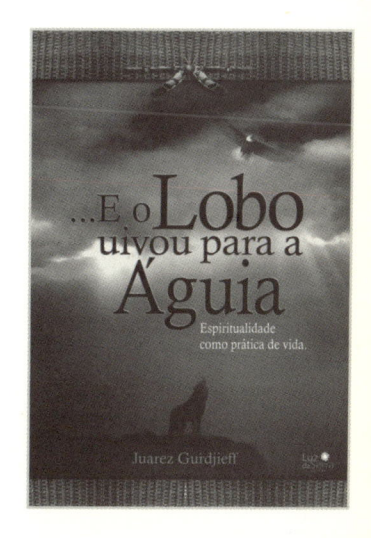

AME QUEM VOCÊ É
Saiba que a melhor escolha é a sua
CÁTIA BAZZAN

Com a ajuda desta obra, teremos a oportunidade de analisar profundamente as escolhas que fizemos em nossas vidas. Também poderemos conhecer o que é mais importante para estarmos em sintonia com nossa essência, amando e contemplando a nós mesmos.

ISBN: 978-85-64463-02-8
Edição: 1ª
Páginas: 148
Formato: 16x23cm

SINTONIA DE LUZ
A consciência espiritual do século XXI
BRUNO J. GIMENES

O século XXI, de forma inédita, oferece às pessoas uma liberdade jamais antes imaginada na busca por evolução da consciência. Esse é um presente de Deus para todos os seus filhos e que precisa ser aproveitado com sabedoria. Neste livro, o autor mostra, de forma clara e objetiva, os elementos dessa nova visão de consciência espiritual universalista característica do século XXI, na qual a melhor religião é a do coração e a melhor filosofia é a de fazer o bem.

ISBN: 978-85-64463-01-1
Edição: 3ª
Páginas: 168
Formato: 16x23cm

A LUZ AO SEU LADO
As energias celestes envolvem a Terra
NELSON THESTON

Esta obra age no leitor como um agente de ativação espiritual e conexão com as energias celestias. Um livro para quem busca apoios dos Seres de Luz para sua própria evolução e da humanidade

O que você sentiria com um Arcanjo falando diretamente com você? Capte a vibração de relatos de experiências dos Anjos com os seres humanos. Você já pensou qual é o nível máximo que você quer atingir como alma? E você já sabe até aonde os Anjos podem ajudá-lo a chegar?

Os Anjos – de todas as classes – voltaram para ficar... sempre ao seu lado.

ISBN: 978-85-64463-06-6
Edição: 2ª
Páginas: 192
Formato: 16x23cm

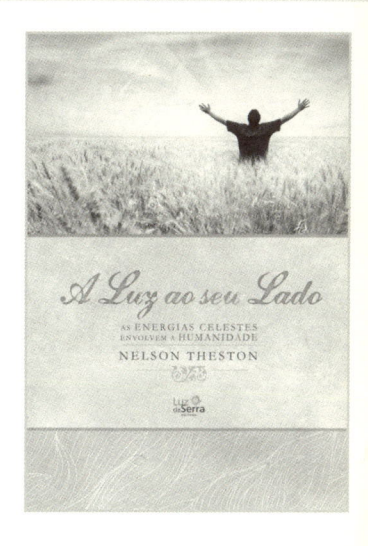

ENCONTRO DE EUS
Um caminho... Uma vida diferente...
DOMÍCIO MARTINS BRASILIENSE

Encontro de Eus propicia a descoberta do Novo Eu. Conduz uma reflexão crítica, abordando aspectos fundamentais para a compreensão do que somos hoje a partir do somatório de fatos, lembranças, noções de amor e opções que fizemos.

Desenvolve a escuta necessária aos nossos sentimentos, preconizando um Eu de possibilidades a novas descobertas e mudanças para a felicidade.

ISBN: 978-85-64463-07-3
Edição: 1ª
Páginas: 128
Formato: 14x21cm

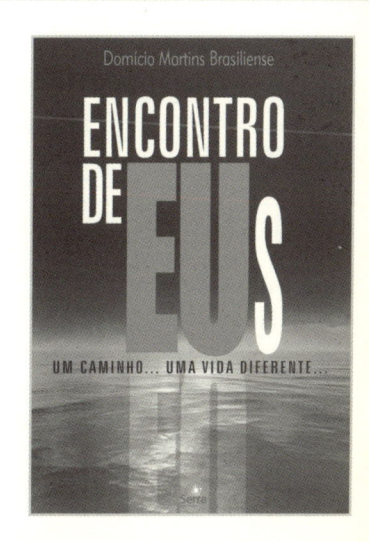

Luz da Serra

UNIVERSO HOLÍSTICO, EVOLUÇÃO E CONSCIÊNCIA

MISSÃO

A equipe **Luz da Serra** está sempre empenhada em estimular a formação de uma "massa crítica" de pessoas que tenham como objetivo proporcionar um despertar para uma nova consciência elevada de paz interior, equilíbrio, autoconhecimento, atitudes positivas e sucesso pessoal.

O nosso foco é apoiar todos aqueles que queiram obter um nível elevado de equilíbrio e consciência, para que encontrem suas missões, em outras palavras, estamos empenhados em ajudar as pessoas a se ajudarem, e encontrarem seus caminhos de prosperidade e alegria plena.

Nossa equipe valoriza a busca contínua por crescimento e aprendizado pessoal, através do respeito nas relações, das ações otimistas, sempre dedicadas a uma causa comum: a evolução do planeta e de todos os seres que aqui vivem.

Acreditamos que nenhum de nós é tão bom quanto todos nós juntos!

NOSSAS RELAÇÕES

Nossa equipe acredita na formação de parcerias constantes que tenham como objetivo o bem comum, a evolução de todos, sempre na sintonia da harmonia e da tranquilidade.

Acreditamos que a comunicação direta, transparente, sincera, lapidada com amor é uma grande aliada na formação de alianças para o desenvolvimento de nossos objetivos.

Estamos abertos a todas as pessoas e todos os tipos de parcerias, desde que vibrem pelos mesmos princípios, valores éticos e propósitos comuns.

Todas as nossas relações e parcerias só se justificam se conseguirem manter ou aumentar a harmonia de grupo e a força coletiva, sendo imprescindível que se respeite o objetivo maior que é a evolução espiritual de todos, regada com amor, respeito e discernimento.

CURSOS ONLINE, NOVIDADES E MAIS

Sobre o curso online, novidades e muito mais conteúdos sobre O Chamado da Luz e o autor você encontra em:

www.ochamadodaluz.com.br

Cadastre-se e receba em seu email os conteúdos exclusivos apenas para assinantes.

Inscreva-se AGORA no site

www.ochamadodaluz.com.br

e receba imediatamente, vídeos e palestras para aprofundar no tema deste livro.